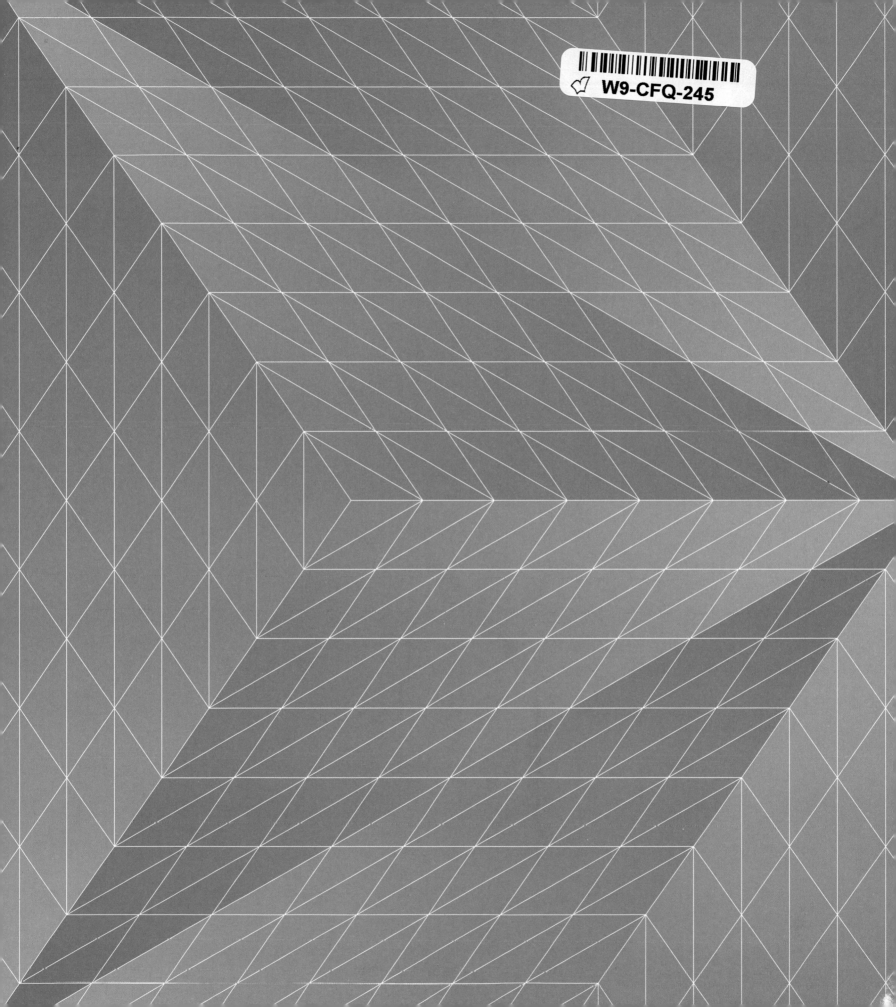

Tiburones

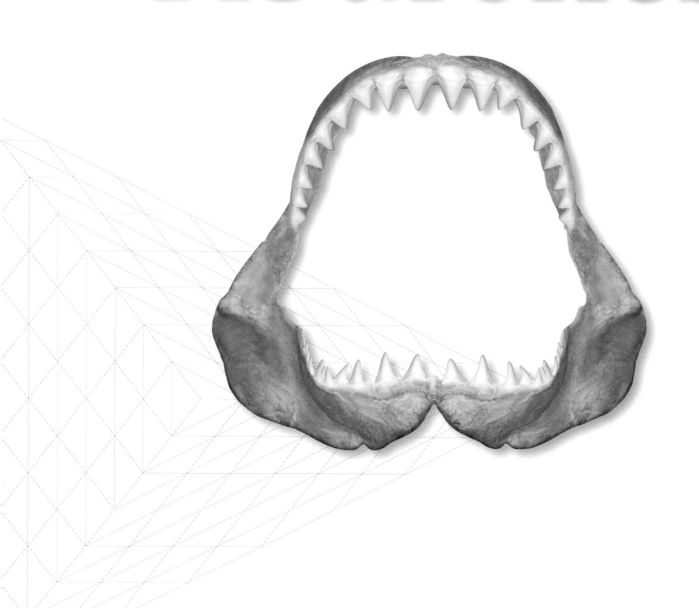

Silver Dolphin
en español

Concebido y producido por Weldon Owen Limited
Northburgh House 10 Northburgh
Street London EC1V OAT, UK
Copyright © 2008 Weldon Owen Limited
Primera edición 2008

Editor del proyecto Jenni Bruce
Diseño Helen Woodward, Flow Design & Communications
Asistente de diseño Sarah Norton
Gerente de arte Trucie Henderson
Ilustradores The Art Agency (Thomas Bayley, Robin Carter, Barry Croucher, Rob Davis, Gary Hanna, Terry Pastor, Mick Posen), Christer Eriksson
Traductora Adriana de la Torre Fernández

Importado, editado y publicado en México en 2013 por/ Imported, published and edited in Mexico in 2013 by: Advanced Marketing S. de R. L. de C. V.
Calzada San Francisco Cuautlalpan 102 bodega D, colonia San Francisco Cuautlalpan, Naucalpan, Edo. de México, C.P. 53569

Fabricado e impreso en China en noviembre 2012 por/ Manufactured and printed in China on November 2012 by: Toppan Leefung Printing Limited
20/F, 169 Electric Road, Northpoint, Hong Kong, China
Título original/ Original title: Insiders Sharks/ Insiders Tiburones

ISBN: 978-607-404-003-6
13 12 11 10 9 8 7 6 5 4 3 2

UNA PRODUCCIÓN DE WELDON OWEN

insiders

Tiburones

Beverly McMillan y John A. Musick

Silver Dolphin
en español

Contenido

introducción

en*foque*

introducción

¿Qué es
un tiburón?

Por dentro y por fuera, el tiburón no se parece a ningún otro pez del mar. Por millones de años, los tiburones han reinado como los nadadores-depredadores más rápidos de todos, y no tienen ni un solo hueso en su cuerpo. En vez de huesos, el tiburón tiene un esqueleto de cartílago que sostiene sus poderosos músculos y aletas, le da forma a sus sorprendentes mandíbulas dentadas, y protege su cerebro de cazador. Los tiburones también son los únicos peces con escamas que semejan pequeños dientes traslapados. La mayoría de los peces son casi indefensos de bebés, pero las crías de tiburón son cazadoras agudas desde el momento en que nacen. Y mientras otros peces mueren después de unos cuantos años, muchos tiburones tienen una larga vida natural. Pueden deambular en las profundidades durante 20, 30, 40 años, o más. Los tiburones tienen muchos nombres: escualos, tollos, suños, cornudas, alitanes, cazones, carpas jaquetones, y muchos más; en cada uno de estos grupos existen diferentes especies.

FORMAS DE TIBURONES

Desde los tiburones peregrino, tan largos como un autobús, hasta especies que cabrían en el bolsillo de un abrigo, los tiburones vienen en todos los tamaños y formas. La mayoría tiene un cuerpo afilado, hidrodinámico, y aletas que le ayudan a deslizarse suavemente en el agua. Casi todas las especies tienen cinco aperturas branquiales a cada lado de la cabeza y un hocico puntiagudo con la boca atrás de la punta.

Tiburón ángel Con su cuerpo aplanado, el tiburón ángel parece casi una mantarraya.

Tiburón arenero Como la mayoría de los tiburones, el tiburón arenero o cobrizo tiene una forma aerodinámica.

Tiburón anguila Este vigoroso tiburón es uno de los pocos con seis pares de aperturas branquiales.

Tiburón peregrino Los grandes tiburones peregrino con frecuencia se recuestan indolentes en la superficie, alimentándose de plancton pequeñísimo.

Protección de la cabeza
Como el cráneo de hueso del ser humano, el cartílago que hace las veces de cráneo en el tiburón, protege el cerebro, los ojos y otras vitales partes blandas de su cabeza. Los vasos sanguíneos y los nervios serpentean entre las aperturas del cartílago.

Tiburón transparente

Esta vista de rayos-x revela la figura de un tiburón típico y resalta algunas de las características que hacen de los tiburones exitosos depredadores del océano: una boca llena de dientes impresionantes, poderosas quijadas que pueden abrirse mucho para engullir la presa, y un esqueleto de cartílago fuerte y flexible.

¡Aletas arriba!
Todos los tiburones tienen una o dos aletas dorsales. La primera aleta dorsal por lo general es más grande. Los nadadores rápidos tienen una segunda aleta dorsal, la cual hace su cuerpo más aerodinámico.

Tiburón ballena La enorme aleta dorsal de este tiburón puede medir 1.5 m (5 pies) de altura.

Tiburón cebra Las aletas bajas y largas de este lento tiburón son moteadas, como el resto de su cuerpo.

El poder de la cola

La cola de un tiburón le ayuda a impulsar su cuerpo hacia delante mientras nada. Las especies que nadan rápido tienen una cola rígida en forma de media luna que les proporciona poder de sobra. Los tiburones más lentos tienen una cola más larga y serpenteada.

Tiburón marrajo Uno de los tiburones más rápidos, el marrajo tiene una cola en forma de media luna.

Tiburón zorro
El tiburón zorro utiliza su cola extra larga para aturdir a su presa.

Alitán mallero
Este tiburón lento para nadar tiene una cola larga y delgada.

Tiburón oceánico
Una larga cola en ángulo impulsa a este tiburón a través del mar abierto.

Tiburón cornudo Estos tiburones reciben su nombre por las espinas puntiagudas que tienen frente a sus aletas dorsales.

Tiburón de puntas negras
Este tiburón recibe su nombre por las marcas color negro carbón en sus aletas.

Gran tiburón blanco o jaquetón Esta primera aleta dorsal hace que la segunda parezca pequeña.

Máquinas
nadadoras

Para muchos tiburones, la vida es un nadar interminable. Día y noche, tales tiburones deben mantenerse en movimiento, empujando el agua hacia sus branquias para llevar oxígeno a su torrente sanguíneo. Si el tiburón se detiene a descansar, se asfixia y muere. Todas las partes de un tiburón contribuyen a su impresionante diseño hidrodinámico. Una figura elegante y una piel poco común con escamas similares a pequeños dientes ayudan al tiburón a deslizarse suavemente por los mares. Un fuerte pero elástico esqueleto de cartílago le permite tener movimientos flexibles. Hasta los músculos están bien calibrados: algunos músculos trabajan continuamente durante la navegación de distancias largas, mientras que otros se cargan de energía instantánea para atacar a su presa.

No se requiere nadar
No todos los tiburones necesitan mantenerse nadando para respirar. Mientras este tiburón bambú jaspeado descansa en el fondo, sus músculos bombean agua de mar a través de las aperturas llamadas espiráculos, sobre las branquias, y la bombean de regreso hacia afuera.

Músculo blanco

Músculo rojo

Vértebra

Esqueleto de cartílago
Desde el cráneo hasta la punta de su cola, el esqueleto de un tiburón está conformado de cartílago flexible. El cartílago es más ligero que el hueso, por lo tanto el tiburón necesita menos energía para mantenerse en el agua.

Rojo y blanco *Los músculos externos del mako de aleta corta se contraen fuertemente por un período corto de tiempo para proporcionar arranques rápidos. Cuando el tiburón está solamente deambulando de manera constante, las franjas de músculo rojo carmesí de los lados hacen la mayor parte del trabajo.*

Anillos de crecimiento
A medida que el tiburón crece, se forman anillos de cartílago en las vértebras de su columna. Al igual que los anillos de crecimiento de un árbol, los anillos de las vértebras de un tiburón se pueden contar para calcular su edad.

Médula espinal

Vértebra con anillos de crecimiento

Músculo rojo

Músculo blanco

Aleta dorsal

Columna conformada de vértebras

Cráneo

Mandíbula

Arcos branquiales

Arco pectoral

Aleta pectoral

Aleta pélvica

Cola

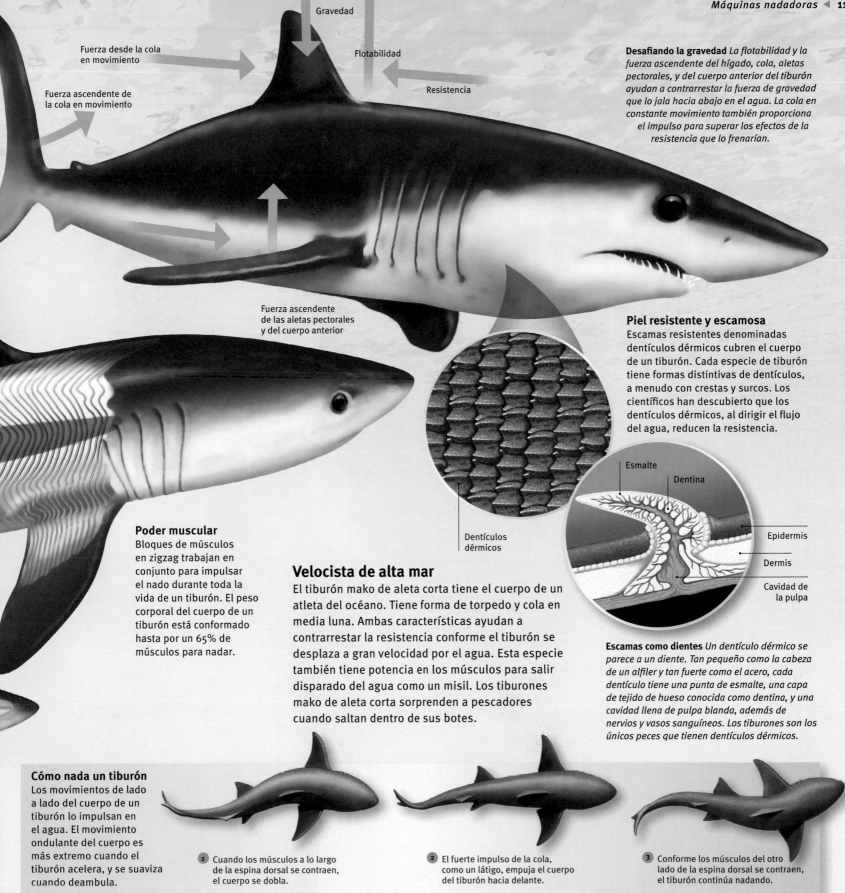

Gravedad

Fuerza desde la cola
en movimiento

Flotabilidad

Resistencia

Fuerza ascendente de
la cola en movimiento

Desafiando la gravedad *La flotabilidad y la fuerza ascendente del hígado, cola, aletas pectorales, y del cuerpo anterior del tiburón ayudan a contrarrestar la fuerza de gravedad que lo jala hacia abajo en el agua. La cola en constante movimiento también proporciona el impulso para superar los efectos de la resistencia que lo frenarían.*

Fuerza ascendente
de las aletas pectorales
y del cuerpo anterior

Piel resistente y escamosa

Escamas resistentes denominadas dentículos dérmicos cubren el cuerpo de un tiburón. Cada especie de tiburón tiene formas distintivas de dentículos, a menudo con crestas y surcos. Los científicos han descubierto que los dentículos dérmicos, al dirigir el flujo del agua, reducen la resistencia.

Esmalte

Dentina

Epidermis

Dermis

Cavidad de
la pulpa

Dentículos
dérmicos

Poder muscular

Bloques de músculos en zigzag trabajan en conjunto para impulsar el nado durante toda la vida de un tiburón. El peso corporal del cuerpo de un tiburón está conformado hasta por un 65% de músculos para nadar.

Velocista de alta mar

El tiburón mako de aleta corta tiene el cuerpo de un atleta del océano. Tiene forma de torpedo y cola en media luna. Ambas características ayudan a contrarrestar la resistencia conforme el tiburón se desplaza a gran velocidad por el agua. Esta especie también tiene potencia en los músculos para salir disparado del agua como un misil. Los tiburones mako de aleta corta sorprenden a pescadores cuando saltan dentro de sus botes.

Escamas como dientes *Un dentículo dérmico se parece a un diente. Tan pequeño como la cabeza de un alfiler y tan fuerte como el acero, cada dentículo tiene una punta de esmalte, una capa de tejido de hueso conocida como dentina, y una cavidad llena de pulpa blanda, además de nervios y vasos sanguíneos. Los tiburones son los únicos peces que tienen dentículos dérmicos.*

Cómo nada un tiburón

Los movimientos de lado a lado del cuerpo de un tiburón lo impulsan en el agua. El movimiento ondulante del cuerpo es más extremo cuando el tiburón acelera, y se suaviza cuando deambula.

① Cuando los músculos a lo largo de la espina dorsal se contraen, el cuerpo se dobla.

② El fuerte impulso de la cola, como un látigo, empuja el cuerpo del tiburón hacia delante.

③ Conforme los músculos del otro lado de la espina dorsal se contraen, el tiburón continúa nadando.

Las entrañas
de un tiburón

A cada momento de la vida de un tiburón, sus órganos internos están trabajando como si fueran partes de un motor viviente. Los tiburones tienen muchos de los mismos órganos que las personas, como por ejemplo cerebro, un estómago elástico, riñones, y un corazón que bombea sangre. Pero las entrañas del tiburón también están adaptadas para la vida en el mar. Las branquias llevan el oxígeno del agua del mar a la sangre del tiburón y desechan el bióxido de carbono. El hígado repleto de aceite hace que el tiburón tenga mayor flotabilidad de modo que necesite menos energía para mantenerse a flote y para nadar. En algunos tiburones, redes especiales de vasos sanguíneos mantienen el calor en el cerebro y ojos y en los músculos utilizados para nadar, asegurando que el tiburón se mantenga alerta y listo para seguir su activa vida en el mar.

¿Qué tan inteligentes son los tiburones?

Los tiburones pueden aprender de la experiencia pero, en general, operan por instinto. Una pista acerca de la inteligencia animal es el peso del cerebro comparado con el resto del peso de su cuerpo. Otro indicador es la complejidad de la estructura del cerebro.

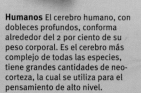

Humanos El cerebro humano, con dobleces profundos, conforma alrededor del 2 por ciento de su peso corporal. Es el cerebro más complejo de todas las especies, tiene grandes cantidades de neocorteza, la cual se utiliza para el pensamiento de alto nivel.

Delfines El cerebro de un delfín por lo general pesa menos de 1 por ciento de su peso corporal. Aun así, los delfines aprenden rápido y parecen ser altamente inteligentes comparados con las focas y con otros mamíferos marinos.

Adentro de un tiburón salmón

Los tiburones salmón son nadadores rápidos que viven en el océano Pacífico del norte, y el salmón es su comida favorita. Aun en agua helada, cuatro "redes admirables" de vasos sanguíneos, cada una denominada rete mirabile, ayudan al tiburón salmón a mantener la sangre a unos 26° C (78° F); más cálida que una habitación promedio. Este tiburón salmón es hembra, y sus órganos reproductivos incluyen dos úteros, donde crecen las crías.

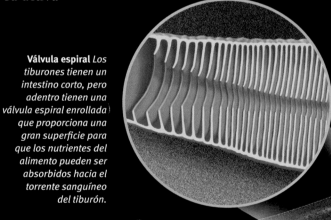

Órganos reproductores *Este tiburón salmón hembra tiene dos crías desarrollándose, una en cada útero. Al igual que otros tiburones hembra, ella tiene un solo ovario lleno de bultitos donde se forman los huevos. En los tiburones macho los principales órganos reproductores son los testículos, los cuales producen esperma.*

Válvula espiral *Los tiburones tienen un intestino corto, pero adentro tienen una válvula espiral enrollada que proporciona una gran superficie para que los nutrientes del alimento pueden ser absorbidos hacia el torrente sanguíneo del tiburón.*

Segunda aleta dorsal

Cola
(aleta caudal)

Aleta anal

Cloaca

Pterigopodios (o claspers)
Los tiburones machos y hembras son muy parecidos, excepto que los machos tienen pterigopodios pegados a las aletas pélvicas. Los pterigopodios, o claspers, se utilizan en la reproducción.

Glándula rectal

Aleta pélvica

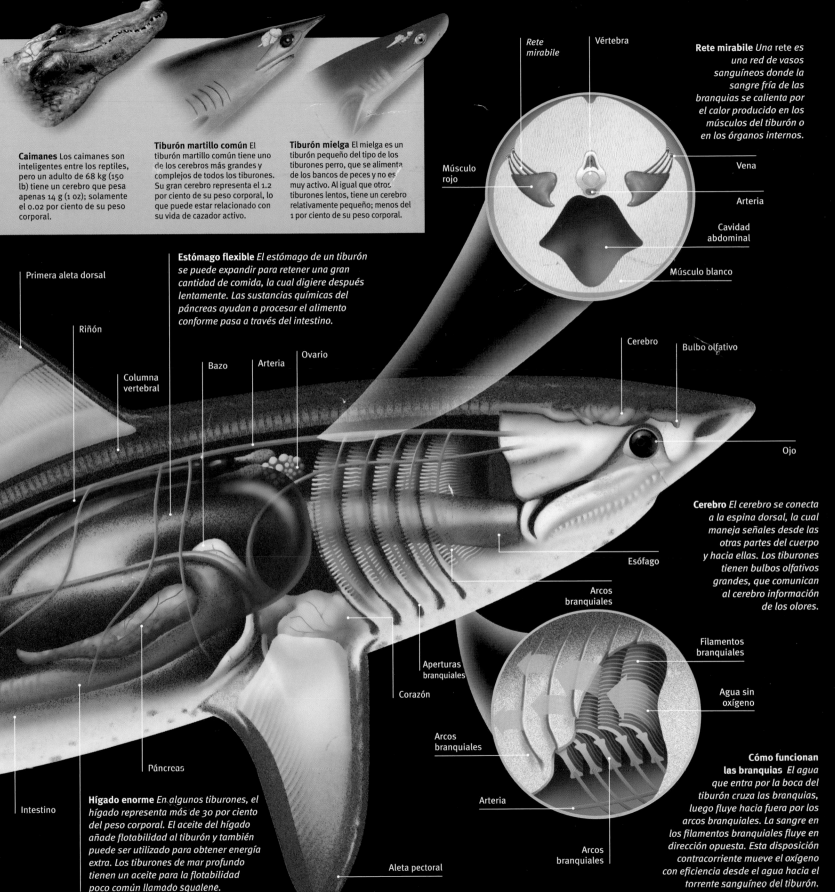

Caimanes Los caimanes son inteligentes entre los reptiles, pero un adulto de 68 kg (150 lb) tiene un cerebro que pesa apenas 14 g (1 oz); solamente el 0.02 por ciento de su peso corporal.

Tiburón martillo común El tiburón martillo común tiene uno de los cerebros más grandes y complejos de todos los tiburones. Su gran cerebro representa el 1.2 por ciento de su peso corporal, lo que puede estar relacionado con su vida de cazador activo.

Tiburón mielga El mielga es un tiburón pequeño del tipo de los tiburones perro, que se alimenta de los bancos de peces y no es muy activo. Al igual que otros tiburones lentos, tiene un cerebro relativamente pequeño; menos del 1 por ciento de su peso corporal.

Rete mirabile

Vértebra

Rete mirabile *Una* rete *es una red de vasos sanguíneos donde la sangre fría de las branquias se calienta por el calor producido en los músculos del tiburón o en los órganos internos.*

Músculo rojo

Vena

Arteria

Cavidad abdominal

Músculo blanco

Estómago flexible *El estómago de un tiburón se puede expandir para retener una gran cantidad de comida, la cual digiere después lentamente. Las sustancias químicas del páncreas ayudan a procesar el alimento conforme pasa a través del intestino.*

Primera aleta dorsal

Riñón

Cerebro

Bulbo olfativo

Columna vertebral

Bazo

Arteria

Ovario

Cerebro

Ojo

Cerebro *El cerebro se conecta a la espina dorsal, la cual maneja señales desde las otras partes del cuerpo y hacia ellas. Los tiburones tienen bulbos olfativos grandes, que comunican al cerebro información de los olores.*

Esófago

Arcos branquiales

Filamentos branquiales

Aperturas branquiales

Corazón

Agua sin oxígeno

Arcos branquiales

Intestino

Hígado enorme *En algunos tiburones, el hígado representa más de 30 por ciento del peso corporal. El aceite del hígado añade flotabilidad al tiburón y también puede ser utilizado para obtener energía extra. Los tiburones de mar profundo tienen un aceite para la flotabilidad poco común llamado squalene.*

Páncreas

Arteria

Arcos branquiales

Aleta pectoral

Cómo funcionan las branquias *El agua que entra por la boca del tiburón cruza las branquias, luego fluye hacia fuera por los arcos branquiales. La sangre en los filamentos branquiales fluye en dirección opuesta. Esta disposición contracorriente mueve el oxígeno con eficiencia desde el agua hacia el torrente sanguíneo del tiburón.*

Superestrellas
sensoriales

En las profundidades o en la superficie, el tiburón caza a su presa con plena exactitud gracias a sus agudos sentidos. Con el oído detecta presas a larga distancia, sus orejas están escondidas dentro de la cabeza y pueden captar el sonido de un pez hasta a 500 m (1,650 pies) de distancia. Los tiburones también cuentan con un sorprendente sentido del olfato. Coloca un tiburón limón o galano en una alberca grande y detectará el olor de unas cuantas gotas de sangre. En las aguas claras del mar, un tiburón tras un sonido o un rastro de olor puede ver a su presa a 25 m (80 pies) de distancia. Después de un furtivo acercamiento, el tiburón dependerá de su agudo sentido eléctrico para guiar su poderosa mordida en los últimos centímetros cruciales.

Tras las pistas sensoriales

Para este jaquetón sedoso, el sonido es la primera pista de que un festín de atún aleta azul puede estar cerca. Al nadar hacia el sonido, la siguiente pista importante puede ser un olor, como la sangre, o las vibraciones en el agua causadas por los movimientos de la presa. La electricidad producida por el corazón del atún o por sus músculos es como un faro que permite al tiburón apuntar a su presa en los instantes finales antes de entrar a matar.

4 Detector de presión *Los canales en el sistema de la línea lateral del tiburón, que están llenos de fluido, operan como una hilera de sensores de movimiento. Estos pueden detectar cambios de presión causados por la más ligera vibración en el agua.*

Línea lateral

Poro en la piel

Nervio

Canal lleno de mucosidad

1 Oído *Dos pequeños poros en la parte superior de la cabeza del tiburón se abren a los canales que van hacia el oído interior, el cual detecta las ondas del sonido. Los canales semicirculares captan las señales del movimiento corporal del tiburón y le ayudan a regular su equilibrio.*

2 Olfato *Dentro de los orificios nasales del tiburón hay dobleces llamados lamelas, que están cubiertos de receptores capaces de detectar cantidades microscópicas de proteínas de sangre y otros líquidos corporales de la presa.*

Piel

Canales semicirculares

Oído interior

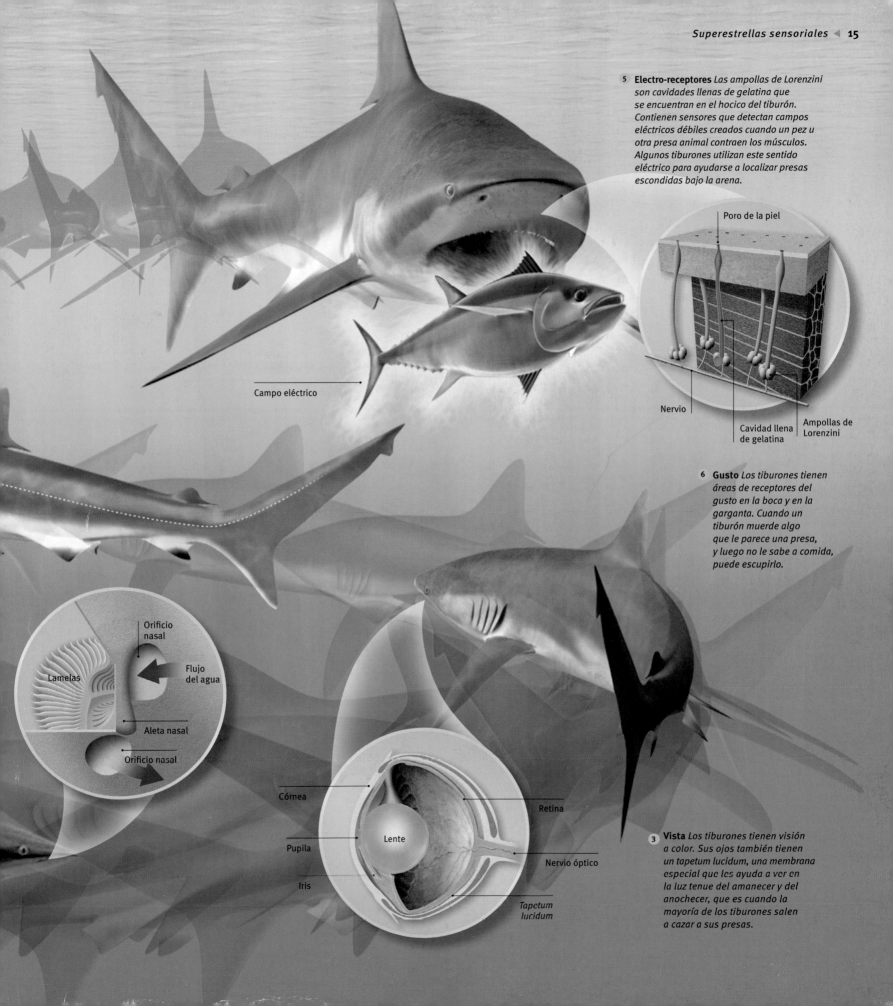

5 **Electro-receptores** *Las ampollas de Lorenzini son cavidades llenas de gelatina que se encuentran en el hocico del tiburón. Contienen sensores que detectan campos eléctricos débiles creados cuando un pez u otra presa animal contraen los músculos. Algunos tiburones utilizan este sentido eléctrico para ayudarse a localizar presas escondidas bajo la arena.*

Poro de la piel

Campo eléctrico

Nervio

Cavidad llena de gelatina

Ampollas de Lorenzini

6 **Gusto** *Los tiburones tienen áreas de receptores del gusto en la boca y en la garganta. Cuando un tiburón muerde algo que le parece una presa, y luego no le sabe a comida, puede escupirlo.*

Orificio nasal

Lamelas

Flujo del agua

Aleta nasal

Orificio nasal

Córnea

Retina

Pupila

Lente

Nervio óptico

Iris

3 **Vista** *Los tiburones tienen visión a color. Sus ojos también tienen un tapetum lucidum, una membrana especial que les ayuda a ver en la luz tenue del amanecer y del anochecer, que es cuando la mayoría de los tiburones salen a cazar a sus presas.*

Tapetum lucidum

Una boca llena de
dientes

Los impresionantes dientes del tiburón están hechos a la medida para capturar sus alimentos. Ni siquiera las presas grandes y poderosas, como las ballenas y las focas, son competencia para los enormes dientes triangulares de un tiburón blanco. Los dientes puntiagudos inferiores de un tiburón coralino del Caribe son excelentes herramientas para arponear peces en fuga. Por otra parte, los tiburones que cazan cangrejos y almejas cerca del suelo marino, tienen fuertes dientes en forma de placas, que facilitan el trabajo de romper los duros caparazones. Perder o romperse un diente no es problema para un tiburón, siempre les están creciéndole dientes nuevos que reemplazan a los viejos. Los yacimientos fósiles contienen incontables millones de dientes de tiburón, y las olas del mar traen millones más a las orillas.

Grandes dientes para el gran tiburón blanco

Con la enorme boca abierta, el tiburón blanco ostenta los dientes de tiburón más grandes y temibles del mundo. Cuando un tiburón tiene una presa en la mira, se lanza desde abajo. Al encajarle los dientes en la carne, el jaquetón blanco sacude su cabeza de lado a lado y sus quijadas cortan como si fueran poderosas navajas de serrucho. Para la mayoría de las presas, ser capturado por un gran tiburón blanco es una muerte segura.

Orilla irregular
Al interior de la amplia boca de un gran jaquetón blanco hay alrededor de 50 dientes letales. Anchos, gruesos, y con sierras como los cuchillos para carne, los dientes son herramientas ideales para rebanar a la presa.

Machacador de conchas
El tiburón de Port Jackson tiene dientes frontales pequeños y puntiagudos con los que sostiene a su presa, como cangrejos o erizos de mar, mientras que los dientes traseros, anchos y planos, pueden machacar la concha de la presa. Aquí se muestra la quijada o mandíbula superior completa.

Con ganchos y sierra
Con sus dientes superiores pequeños y en forma de gancho, y los inferiores grandes y con sierras, la carpa puede agarrar peces completos y pulpos que sueltan tinta, así como pedazos de grasa de ballenas.

Dientes de arpón
El tiburón duende rosado utiliza los órganos electro-sensoriales de su hocico para detectar pulpos, calamares, camarones y peces, y luego arponea a la presa con sus dientes frontales, finos como agujas.

Quijadas de abrelatas
El voraz tiburón tigre puede tragarse entera a un ave de mar desprevenida. Con sus dientes redondeados, como sierras, este tiburón puede lidiar hasta con tortugas de mar. Si los dientes fueran más puntiagudos probablemente se romperían con el caparazón de una tortuga.

Los ojos fuera del camino *Cuando un tiburón blanco ataca, sus ojos giran hacia atrás de manera que quedan protegidos de los desechos de la presa. Algunas otras especies de tiburones tienen una membrana especial que protege los ojos.*

Hocico arriba *Cuando el tiburón ataca, alza el hocico y la quijada se dispara hacia afuera. Ahora el camino está libre para que los dientes expuestos del tiburón perforen a su víctima.*

Dientes de serrucho *Los dientes superiores de este gran tiburón blanco son triángulos anchos y gruesos, mientras que los inferiores son un poco más estrechos. Un jaquetón blanco joven tiene dientes inferiores en forma de arpón para cazar a sus peces.*

Arcos branquiales *Los tiburones activos como el jaquetón blanco tienen cinco arcos curvos de cartílago a cada lado de la cabeza. Estos arcos soportan las branquias del tiburón, las cuales toman oxígeno del agua de mar.*

Dientes nuevos *En las quijadas del tiburón siempre se están desarrollando filas de dientes más pequeños atrás de los dientes grandes. Periódicamente, una nueva fila de dientes se mueve hacia adelante como si fuera una banda transportadora, y los dientes viejos se caen.*

2 **Quijada corrediza**
Después, el hocico del tiburón se inclina hacia arriba, la mandíbula superior comienza a deslizarse hacia delante, y la inferior cae hacia abajo. La boca del tiburón está comenzando a abrirse.

3 **Hacia fuera y hacia arriba** *Ahora las mandíbulas del tiburón tigre de arena están totalmente abiertas. La mandíbula superior sobresale de la boca mientras que los dientes inferiores traseros en curva quedan totalmente expuestos, listos para perforar y sostener al pequeño tiburón trozo.*

Mandíbulas increíbles
La gran mordida

La fiera mordida de un tiburón combina velocidad luz con fuerza de acero. Ya sea que el tiburón esté cazando un pez pequeño para tragárselo entero o una presa grande a la que destrozará en pedazos, sus inusuales quijadas le dan una aguda ventaja competitiva. Usualmente retraídas bajo la cabeza del tiburón, las mandíbulas tienen la capacidad de extenderse: poderosos músculos las pueden empujar hacia arriba y hacia fuera. Una fracción de segundo antes de que el tiburón ataque, su quijada se impulsa con fuerza hacia delante y se abre, los dientes con filo de navaja están listos para agarrar, agujerear o rebanar el cuerpo de la presa. La posibilidad de escape es mínima: especies como el tiburón tigre muerden con más de 18 tons de fuerza aplastante.

MANDÍBULAS DE ACERO

No todas las mordidas son iguales. La mandíbula de los humanos tiene una mordida relativamente fuerte, y las quijadas del perro son aún más fuertes. Hasta las quijadas poderosas de un gran tiburón blanco no son competencia para la mordida quebranta huesos de un cocodrilo. Los investigadores han medido la fuerza de las mordidas en kilos por centímetro cuadrado (kg/cm²), o en libras por pulgada cuadrada (lpc), pero no hay forma de saber a ciencia cierta si el animal utilizado en la prueba está mordiendo con la fuerza máxima.

Mordida humana
8 Kg/cm² (120 lpc)

Mordida de rottweiler
23 Kg/cm² (328 lpc)

Mordida del gran tiburón blanco
42 Kg/cm² (600 lpc)

Mordida de cocodrilo
176 Kg/cm²
(2,500 lpc)

Acción de la mordida

Cuando un tiburón tigre de arena atrapa un bebé de tiburón trozo, captura su alimento en un instante. Utilizando cámaras de vídeo y otras herramientas de alta tecnología, los científicos han descubierto que las mandíbulas de un tiburón se mueven en una secuencia de pasos sorprendentemente rápidas, como disparos, que le toman menos de un segundo de principio a fin.

Ojo giratorio *Antes de que el tiburón solraye muerda, su ojo está expuesto. Justo al acercarse a su presa, el ojo gira hacia dentro de su cabeza.*

Reemplazo de dientes
Debido a que las filas de dientes nuevos están constantemente moviéndose hacia el frente de su mandíbula, el tiburón puede darse el lujo de perder o dañarse los colmillos cuando está tratando de atrapar una presa. Algunos tiburones pierden decenas de miles de dientes durante su vida.

1 **Antes de morder** *Las mandíbulas del tiburón están hechas de piezas de cartílago que se entrelazan debajo del cráneo. Los músculos y ligamentos mantienen las piezas en su lugar sin mucha presión. Al iniciar la mordida, las quijadas están relajadas y ligeramente abiertas.*

Cómo se miden las mandíbulas

Las quijadas del tiburón se miden por su apertura: el ancho, de esquina a esquina; y la altura de la apertura de la quijada. Entre los tiburones, solamente el tiburón ballena y el tiburón peregrino tienen una apertura mayor a la del gran tiburón blanco. Las quijadas que se muestran aquí están a escala, comparadas con el tamaño de una niña de 10 años de edad.

Tiburón tigre de arena
Ancho 23 cm (9 plg.)
Altura 18 cm (7 plg.)

Tiburón de puntas negras
Ancho 15 cm (6 plg.)
Altura 13 cm (5 plg.)

Tiburón musola gris
Ancho 5 cm (2 plg.)
Altura 4 cm (1.5 plg.)

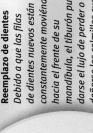

Niña de 10 años de edad Altura 137 cm (54 plg.)

Gran tiburón blanco
Ancho 71 cm (28 plg.)
Altura 70 cm (27.5 plg.)

Velocidad increíble

Las mandíbulas de un tiburón galano o limón pueden agarrar a su presa en menos de dos décimas de segundo. Eso es dos veces más rápido de lo que podemos pestañear, y cuatro veces más rápido que un solo latido de corazón.

▲ 1 segundo
▼

Latido del corazón humano
0.8 segundos

Pestañeo humano
0.3–0.4 segundo

Mordida de un tiburón limón
0.2 segundo

Los tiburones a través del
tiempo

Entre los súper predadores, los tiburones tienen el récord mundial de mantenerse en el poder; han estado cazando en los mares por más de 400 millones de años. Mucho antes de que los fieros dinosaurios rondaran la Tierra, los océanos eran el hogar de los ancestros de los tiburones modernos. Los fósiles revelan el misterio de estos tiburones pioneros, algunos con extrañas espirales enroscadas como dientes, gigantes columnas vertebrales huesudas, y otras extrañas partes del cuerpo. A través de los tiempos, muchos de los antiguos parientes de los tiburones se extinguieron y los nuevos evolucionaron. La marcha del tiempo forjó lentamente a los tiburones en nadadores hidrodinámicos, con quijadas salientes, agudos sentidos, y otras características que los convierten en imponentes predadores del océano.

FÓSILES DE TIBURÓN

Los duros dientes de hueso del tiburón son buenos fósiles porque no se deterioran cuando están enterrados en lodo o arena. Mucho más raros son los fósiles del esqueleto de cartílago blando. Los científicos con frecuencia deben utilizar pedazos y segmentos de información para sacar conjeturas sobre el aspecto que tendría un tiburón.

Dientes fosilizados de tiburón

Fósil del esqueleto de un *Paleospinax*, su fecha se remonta a 200 millones de años.

*millones de años atrás

Tiburón del devónico: 370 maa* El cladoselache fue uno de los tiburones tempranos conocidos como cladodontes. Sus dientes tenían más de una cúspide puntiaguda y su boca estaba en la punta del hocico. Con la cola en forma de media luna, probablemente era un nadador rápido en mar abierto.

Tiburón del carbonífero: 320 maa *Los extraños machos de Stethacanthus tenían un curioso cepillo sobre la aleta dorsal y otro grupo de cerdas sobre la cabeza. Estas raras partes posiblemente se usaban en el apareamiento.*

PERÍODO CÁMBRICO	PERÍODO ORDOVÍCICO	PERÍODO SILÚRICO	PERÍODO DEVÓNICO	PERÍODO CARBONÍFERO
Hace 550 millones de años Evolucionan animales con conchas y peces sin mandíbulas (primeros vertebrados) *Los trilobites parecían insectos, pero algunos crecían más de 60 cm (2 pies) de largo.*	**Hace 505 millones de años** Los peces sin mandíbulas se diversifican y evolucionan los tiburones con mandíbulas *Los tiburones con quijadas pudieron haber evolucionado de los thelodontes sin quijadas, como el que se muestra aquí.*	**Hace 435 millones de años** Aparecen los primeros peces con huesos y las primeras plantas terrestres y animales. *Al florecer la vida en tierra, el mar se caracterizaba por tener peces con huesos, como este Nostolepis espinado que nadaban con los tiburones.*	**Hace 408 millones de años** Los peces se diversifican, aparecen los primeros insectos y anfibios *Algunos tiburones modernos tienen espinas frente a sus aletas dorsales, como las tenía el Ctenacanthus.*	**Hace 360 millones de años** La Era de Oro de los tiburones, aparecen los primeros reptiles *Nadie sabe cómo utilizaba el tiburón dientes de tijera sus extrañas espirales de dientes.*

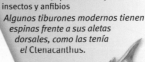
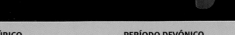

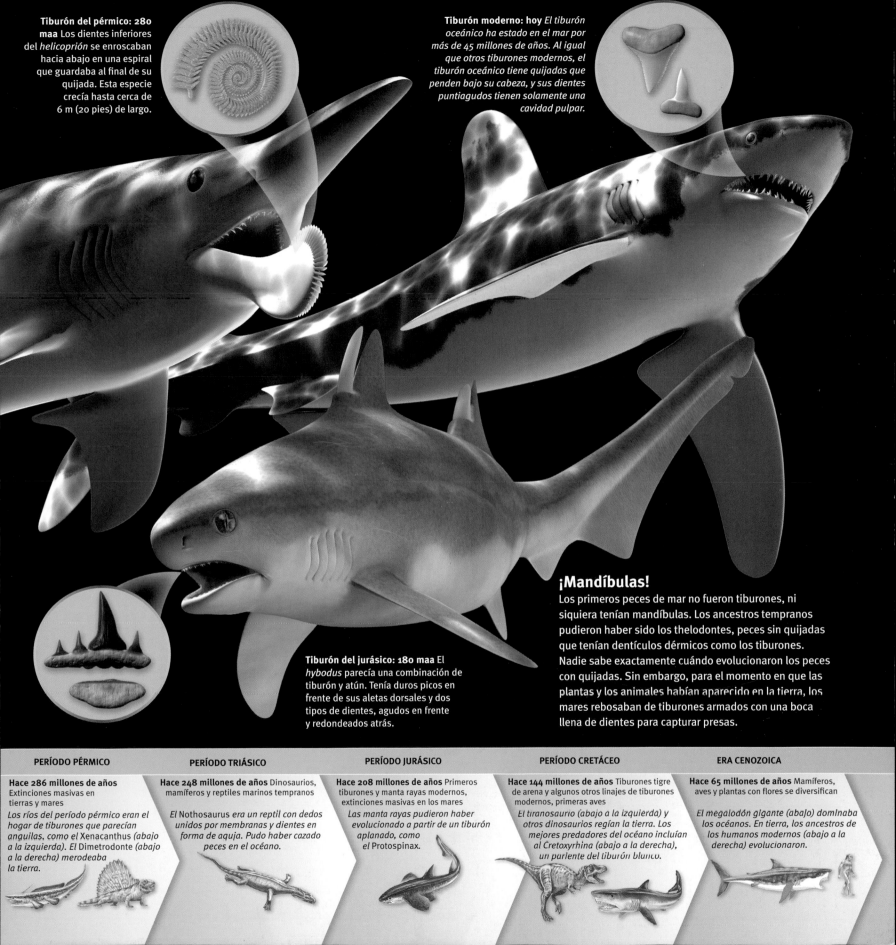

Tiburón del pérmico: 280 maa Los dientes inferiores del *helicoprión* se enroscaban hacia abajo en una espiral que guardaba al final de su quijada. Esta especie crecía hasta cerca de 6 m (20 pies) de largo.

Tiburón moderno: hoy *El tiburón oceánico ha estado en el mar por más de 45 millones de años. Al igual que otros tiburones modernos, el tiburón oceánico tiene quijadas que penden bajo su cabeza, y sus dientes puntiagudos tienen solamente una cavidad pulpar.*

Tiburón del jurásico: 180 maa El *hybodus* parecía una combinación de tiburón y atún. Tenía duros picos en frente de sus aletas dorsales y dos tipos de dientes, agudos en frente y redondeados atrás.

¡Mandíbulas!

Los primeros peces de mar no fueron tiburones, ni siquiera tenían mandíbulas. Los ancestros tempranos pudieron haber sido los thelodontes, peces sin quijadas que tenían dentículos dérmicos como los tiburones. Nadie sabe exactamente cuándo evolucionaron los peces con quijadas. Sin embargo, para el momento en que las plantas y los animales habían aparecido en la tierra, los mares rebosaban de tiburones armados con una boca llena de dientes para capturar presas.

PERÍODO PÉRMICO	**PERÍODO TRIÁSICO**	**PERÍODO JURÁSICO**	**PERÍODO CRETÁCEO**	**ERA CENOZOICA**
Hace 286 millones de años Extinciones masivas en tierras y mares	**Hace 248 millones de años** Dinosaurios, mamíferos y reptiles marinos tempranos	**Hace 208 millones de años** Primeros tiburones y manta rayas modernos, extinciones masivas en los mares	**Hace 144 millones de años** Tiburones tigre de arena y algunos otros linajes de tiburones modernos, primeras aves	**Hace 65 millones de años** Mamíferos, aves y plantas con flores se diversifican
Los ríos del período pérmico eran el hogar de tiburones que parecían anguilas, como el Xenacanthus (abajo a la izquierda). El Dimetrodonte (abajo a la derecha) merodeaba la tierra.	*El Nothosaurus era un reptil con dedos unidos por membranas y dientes en forma de aguja. Pudo haber cazado peces en el océano.*	*Las manta rayas pudieron haber evolucionado a partir de un tiburón aplanado, como el Protospinax.*	*El tiranosaurio (abajo a la izquierda) y otros dinosaurios regían la tierra. Los mejores predadores del océano incluían al Cretoxyrhina (abajo a la derecha), un pariente del tiburón blanco.*	*El megalodón gigante (abajo) dominaba los océanos. En tierra, los ancestros de los humanos modernos (abajo a la derecha) evolucionaron.*

Tiburones que rompen
récords

Algunos tiburones realmente se van a los extremos. Crecen más que un camión, nadan más rápido que un delfín, o sobreviven en las profundidades más turbias. Hace casi dos millones de años, los mares prehistóricos eran el hogar del megalodón, el tiburón depredador más masivo que haya existido. Este monstruo cazador de ballenas tenía una boca llena de dientes gigantes de 18 cm (7 pulg) y podía pesar tanto como cuatro enormes elefantes africanos: unas sorprendentes 52 tons. Los parientes de todas las familias de tiburones de hoy vivían también en los tiempos del megalodón, con características que les ayudaron a perdurar a través del tiempo. A pesar de que el megalodón se extinguió, otras especies de su tiempo allanaron el camino para los muy diversos estilos de vida de los tiburones que vemos en nuestros océanos.

Tom Jager, 50 m, 1990 — 8.2 km/h (5.1 mph)
Delfín manchado tropical — 39.8 km/h (24.7 mph)
Mako de aleta corta — 50 km/h (31 mph)
Orca — 55.5 km/h (34.5 mph)
Sierra — 77.1 km/h (47.9 mph)

¿Qué tan rápido?
El pez vela puede saltar fuera del agua a 109 km/h (68 mph), pero otro pez con hueso, la sierra, mantiene el récord de nado bajo el agua, con una velocidad de casi 77 km/h (48 millas por hora). El más rápido de todos los tiburones, el mako de aleta corta, ha sido cronometrado a 50 km/h (31 millas por hora).

¿A qué profundidad?
Los tiburones sobreviven tanto en las cálidas albercas de mar (marismas) cercanas a la superficie, como en aguas gélidas a más de 3,660 m (12,000 pies) de profundidad, y en cualquier lugar intermedio.

Nivel del mar

Zona de luz solar, 0-200 m (0-660 pies)

Área de penumbra, 200-1,000 m (660-3,300 pies)

Zona obscura, por debajo de 1,000 m (3,300 pies)

Tiburón bambú jaspeado en marismas superficiales

Tiburón oceánico cerca de la superficie del mar

Tiburón anguila, hasta 1,000 m (3,300 pies)

Tiburón portugués, más abajo de 3,680 m (12,060 pies)

Tollo lucero enano *El más pequeño de los tiburones es probablemente el tollo lucero enano; algunas de sus hembras embarazadas miden solamente 19 cm (7.5 p) de largo.*

¿Qué edad?
Los tiburones viven mucho más que otros peces. Un tiburón, el mielga, puede sobrevivir 70 años, si logra mantenerse alejado de los predadores y de las redes de pescadores.

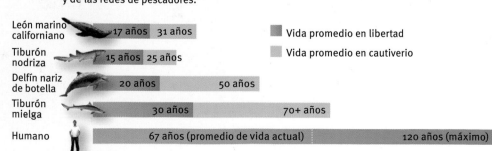

León marino californiano — 17 años / 31 años
Tiburón nodriza — 15 años / 25 años
Delfín nariz de botella — 20 años / 50 años
Tiburón mielga — 30 años / 70+ años
Humano — 67 años (promedio de vida actual) / 120 años (máximo)

■ Vida promedio en libertad
■ Vida promedio en cautiverio

¿Qué tan grandes?

Aunque algunos tiburones son gigantes, la mayoría de las especies miden 1 m (3 pies) o menos. También hay algunos tiburones de menor tamaño merodeando en las profundidades. Los tollo lucero enanos son los más pequeños de todos, se tendrían que alinear más de 70 de ellos, adultos, nariz con cola, para igualar el largo de un tiburón ballena.

Megalodón *Con 16 m (52 pies) de largo, el tiburón extinto fue el más grande de los predadores del océano de todos los tiempos. Fue el ancestro del gran tiburón blanco actual.*

Tiburón ballena *El tiburón ballena puede crecer a un mínimo de 14 m (46 pies), convirtiéndolo en el tiburón más grande y también en el pez más grande del mar. Un niño de diez años podría sentarse fácilmente dentro de su boca de 1.5 m (5 pies).*

Gran tiburón blanco *El récord para el tiburón carnívoro actual más grande pertenece al tiburón blanco. El espécimen más grande que jamás se haya medido fue de aproximadamente 6.4 m (21 pies) de largo.*

Captura de la presa
De cacería

Los tiburones son expertos cazadores. Nadadores rápidos como el mako de aleta corta (también conocido como marrajo dientudo) y los tiburones azules persiguen una presa a la velocidad del rayo, mientras que los tiburones más lentos como los grandes blancos, los tiburones toro y los tiburones tigre acechan y matan a su presa con una fiera cuchillada de sus mandíbulas. Los enormes tiburones ballena pueden engullir miles de diminutos krill en un solo trago desde abajo. Los que viven en el fondo del mar, como el tiburón ángel o el wobbegong, yacen sobre el suelo marino a la espera, sorprendiendo a su presa con una emboscada. El arma secreta de un tiburón zorro es su larga cola. Utilizándola como un palo de hockey, arrea peces para agruparlos, como si fueran una manada, y luego da el golpe masivo al cardumen. Las sorprendidas víctimas se convierten en la comida del tiburón zorro.

¡Súper mordida!
Cuando los delfines acarrean cardúmenes atiborrados de peces de presa, con frecuencia los tiburones, se unen al festín. Estos tiburones areneros están listos para llenarse el estomago de comida del arremolinado cardumen.

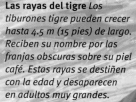

Las rayas del tigre *Los tiburones tigre pueden crecer hasta 4.5 m (15 pies) de largo. Reciben su nombre por las franjas obscuras sobre su piel café. Estas rayas se destiñen con la edad y desaparecen en adultos muy grandes.*

Predador de emboscada
Descansando casi sin moverse y magníficamente camuflado sobre el suelo arenoso, un tiburón ángel del Pacífico espera alerta para abalanzarse sobre los peces que pasan.

Forrajero
Un tiburón sierra de hocico largo puede utilizar su hocico tachonado de dientes para golpear peces o para sacar a su presa del fondo. Los largos barbos que cuelgan de su hocico pueden ayudarlo a detectar presas.

Cazador en grupo
Los tiburones zorro algunas veces cazan en pareja. Mientras un tiburón hace el poderoso golpe de cola, el otro recoge los peces que quedan muy atontados como para nadar.

Perseguidor
Los tiburones marrajo son nadadores muy rápidos y con frecuencia persiguen su comida. En partes frías del océano pueden correr detrás de cardúmenes de arenques y de otros peces pequeños.

Tortuga caguama *Las tortugas caguamas pueden pesar más de 90 kg (200 libras). Cazan cangrejos, camarones y otras formas de vida marina bajo el agua. Cuando nadan a la superficie para respirar, se hacen más vulnerables de ser atacadas.*

Protección del ojo *Un párpado extra llamado membrana nictitante se cierra sobre el ojo del tiburón tigre durante el ataque a la tortuga. La membrana protege a los ojos de ser dañados por la víctima mientras lucha.*

Orillas irregulares *Los dientes de serrucho de un tiburón tigre son excelentes herramientas para cortar la carne de la tortuga. Funcionan como serruchos mientras el tiburón mueve su cabeza de lado a lado.*

Camas de pastos marinos *Camas de pastos marinos crecen en la zona de luz solar. Pequeñas criaturas marinas como peces, cangrejos y caracoles viven sumergidas entre las hojas del pasto, donde se pueden esconder de los depredadores.*

Ataque repentino

Una tortuga marina que busca cangrejos en las aguas superficiales, es un blanco tentador para un tiburón tigre hambriento. Viendo su presa desde abajo, el tiburón se acerca despacio, luego ataca rápida y repentinamente. Al cerrar sus enormes mandíbulas, los dientes curvos y con sierras del tiburón tigre ya están desgarrando la carne de la desafortunada tortuga, o están serruchando su caparazón.

Hambruna o

festín

Para un tiburón, la cacería es cuestión de hambre. Cuando su estómago está vacío, el tiburón puede pasar horas o días en búsqueda de comida, siempre alerta y listo para atacar. Pero cuando ha comido hasta saciarse, el tiburón deja de buscar presas mientras digiere lentamente su alimento. Los nadadores rápidos como el marrajo dientudo o mako aleta corta, pueden engullir más del equivalente de su peso corporal en comida cada mes, mientras que un tiburón lento, como el tiburón trozo, puede comer solamente el equivalente a una hamburguesa de pescado cada uno o dos días. Un gran tiburón blanco puede engullir una foca entera en una hora, pero cuando el festín termina quizá no cace otra vez durante un mes.

SI TE CABE, CÓMETELO

Cuando los científicos capturan tiburones para su estudio, revisan lo que el tiburón ha estado comiendo. Los tiburones tigre son cazadores expertos, pero también son carroñeros y comerán cualquier cosa que puedan tragarse. Zapatos, basura de los cruceros, cubetas, botes de basura, cartón alquitranado, hasta una armadura, han sido encontrados en los estómagos de tiburones tigre.

Ecología del Océano

La cadena alimenticia del océano comienza con el fitoplancton, el cual utiliza la luz del sol para producir su propio alimento. El zooplancton come fitoplancton, los peces pequeños comen zooplancton y así, sucesivamente, hasta los tiburones en la cima de la cadena.

Gran tiburón blanco

Foca

Salmón

Cazón

Arenque

Calamar

Fitoplancton

Zooplancton

Banquete bajo el mar

Una red alimenticia marina puede alimentar solamente a un puñado de predadores superiores, como son los tiburones, porque ellos necesitan comer muchas presas más pequeñas para sobrevivir. Cuando millones de calamares gigantes se reúnen para encontrar pareja, los tiburones azules comen de la manera fácil: nadan entre los brillantes calamares, abriendo y cerrando las quijadas, tragando enormes cantidades de sopa de calamar hasta que sus estómagos quedan repletos.

La producción de una nueva

generación

Hacer una nueva generación puede ser el reto más grande de un tiburón. Para empezar, los tiburones deben crecer durante 10 o 20 años antes de que puedan aparearse. Hasta entonces tienen solamente unas pocas y grandes crías. En la mayoría de las especies, las hembras tienen dos matrices, o úteros, donde la madre porta las crías nonatas hasta por dos años, mientras se desarrollan como copias miniatura de sus padres. Antes de nacer, el tiburón bebé recibe comida de diferentes maneras, algunos de un gran saco de yema, otros comiéndose los óvulos extra. Algunas especies reciben nutrientes del torrente sanguíneo de la madre por medio de una placenta, como el bebé humano. Los tiburones solrayo que no han nacido se hacen caníbales: el primero en cada útero que crezca unos 10 cm (4 pulgadas) utilizará sus pequeños dientes para engullir a sus compañeros de camada.

COMPARACIÓN DE CAMADAS

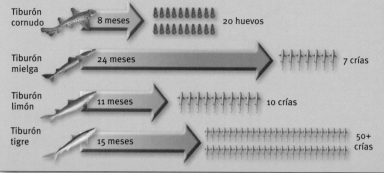

Comparado con muchos otros animales, los tiburones tienen muchas menos crías y pasan mucho tiempo haciéndolas. El tiempo que un animal tarda en desarrollarse antes del nacimiento se conoce como período de gestación. La mayoría de los tiburones tienen períodos de gestación que duran un año o dos. El número de crías en cada camada oscila en un rango de dos a más de cincuenta.

Tiburón cornudo — 8 meses — 20 huevos

Tiburón mielga — 24 meses — 7 crías

Tiburón limón — 11 meses — 10 crías

Tiburón tigre — 15 meses — 50+ crías

Crecimiento del tiburón

El tiburón comienza la vida como una célula microscópica que se forma después de que un espermatozoide del macho fertiliza un óvulo en una hembra. Paso a paso, se forman sus tejidos y órganos y éstos comienzan a funcionar. Esta secuencia de imágenes muestra cómo un tiburón galludo espinilla toma forma durante los dos años que pasa dentro de su madre. Después de nacer, pasarán de 10 a 15 años antes de que el tiburón esté listo para producir una nueva generación.

1 Óvulo fertilizado *Una vez fertilizado, el óvulo del tiburón galludo espinilla tiene dos partes principales, una gran provisión de yema y un disco de células llamadas blastodisco. Un pequeño embrión de tiburón está comenzando a desarrollarse.*

Nace un tiburón
Un tiburón bebé crece dentro de uno de los dos úteros de la madre. En algunas especies, como el tiburón galano, se desarrolla una placenta de cada saco de yema del embrión. Este saco está conectado al torrente sanguíneo de la madre, el cual nutre al pequeño tiburón. Eventualmente, la cría nace con la cola por delante. En la foto, la cría recién nacida todavía está atada a la madre por un cordón umbilical, pero el cordón se romperá pronto y la cría se irá nadando.

2 Construcción de la columna vertebral *Las células del blastodisco se mueven a nuevas posiciones, creando un doblez que se convertirá en el cartílago de la columna del tiburón bebé. Pronto, otras células se desarrollarán como músculos y órganos, por ejemplo, el corazón.*

3 Un cerebro inicia *El embrión de tiburón crece más a medida que se desarrollan más partes corporales. En un extremo de la columna se ha formado el cráneo. Dentro del cráneo, el pequeño cerebro del embrión está tomando forma.*

Tiburones ovovivíparos (que ponen huevos)

No todos los tiburones paren crías vivas. En algunas especies los huevos son protegidos dentro de un saco fuerte que contiene la yema para el embrión. La madre coloca sus sacos de huevos en el fondo del mar o los adjunta a una piedra, y después las crías salen del cascarón por su cuenta. Con frecuenciaa, la corriente arrastra los sacos de huevo vacíos hacia la orilla de las playas, y algunas veces los llaman "bolsas de sirena."

Tiburón cornudo El saco del huevo de un cornudo está enrollado como un sacacorchos. Las vueltas ayudan a que se mantenga sostenido en las grietas de las piedras.

Pejegato ajerezado australiano La dura superficie de este saco de huevos ayuda a protegerlo de los predadores, como los caracoles de mar.

Pejegato Un pequeño pejegato pasa alrededor de dos años dentro de este saco para huevos transparente.

Pejegato hinchado Después de muchos meses dentro de este saco para huevos con la forma del bolso de una dama, una cría de pejegato hinchado rompe el cascarón y sale.

5 **Completamente formado** *Conforme pasan los meses, el embrión se desarrolla en un complejo feto que parece un tiburón en miniatura. El saco de yema se encoje a medida que el pequeño tiburón utiliza la yema del huevo o cigoto para alimentarse.*

4 **Provisión de yema** *El embrión comienza a parecer un pez. Un tallo lo conecta a la bolsa de yema del huevo o cigoto. Los vasos sanguíneos dentro del tallo transfieren la yema al embrión.*

6 **Cría recién nacida** *Finalmente, nace la cría del tiburón Gulludo espinilla. De 30 cm (1 pie) aproximadamente, está listo para cazar, y rápidamente se aleja de su madre nadando para perseguir a un camarón, su primera comida en el mar.*

Vagabundos

del océano

Algunos tiburones son increíbles viajeros de largas distancias. Con movimientos similares a los de un submarino en misión, migran siguiendo la costa o en mar abierto, dejando un lugar, nadando a un nuevo destino, luego volviendo sobre sus pasos meses o años después. La búsqueda de una pareja puede llevar a un tiburón a aguas lejanas donde los machos y las hembras se encuentran cada uno o dos años. Algunos tiburones también migran cuando la temperatura del océano cambia al acercarse el verano o el invierno. Muchos tipos de presas migran al cambiar las estaciones, de manera que los tiburones simplemente las siguen. Pero el agua que está muy fría o muy caliente es un enemigo mortal para los makos o marrajos y algunas otras especies de tiburones. Sus grandes viajes son travesías de supervivencia.

Misterios de la migración

Nadando en cardúmenes o solos, muchos tiburones migran a todo lo largo y ancho del mar. Hasta hace poco, la mayoría de sus migraciones estaban encubiertas por el misterio. Los científicos ahora pueden colocar un pequeño artefacto a los tiburones, conocido como placa satelital. Conforme nada el tiburón, la placa envía señales a un satélite que orbita muy alto sobre la Tierra. El satélite reenvía la señal a las computadoras de los científicos, permitiéndoles rastrear la travesía del tiburón. Estos estudios han revelado remotas travesías de 8,000 km (5,000 millas), o más.

Tiburón trozo *Cuando los tiburones trozo hembra están a punto de parir, migran lejos de donde están cazando los tiburones trozo machos. De otra manera, ¡los machos pueden comerse a las crías recién nacidas! Los tiburones trozo bebés nadan en zigzag por el criadero buscando comida, cubriendo hasta 30 km (20 millas) en un día.*

Tiburón de puntas negras *Los veloces tiburones de puntas negras migran en grupos grandes, nadando por la costa hacia el sur cuando el verano se convierte en otoño, luego regresan al norte cuando el invierno comienza a convertirse en primavera. El tiburón de puntas negras hembra viaja a un criadero de poca profundidad en la costa, donde sus recién nacidos encontrarán comida suficiente y encontrarán pocos depredadores.*

AMÉRICA
DEL NORTE

Nueva York ●

Océano
Atlántico

Houston ●

Golfo
de México

Mar Caribe

Caracas ●

AMÉRICA
DEL SUR

Océano
Pacífico

Travesías del tiburón

➤ Migración del tiburón peregrino

➤ Migración del tiburón mako

➤ Migración del tiburón azul

➤ Migración del tiburón puntas negras

➤ Migración del tiburón trozo

▬ Distribución del tiburón gata nodriza (no migra)

Tiburón peregrino *Placas satelitales disparadas desde un arpón resolvieron un misterio acerca del tiburón. En verano, los tiburones peregrino merodean a sus anchas por la superficie cerca de la costa, filtrando el plancton del agua de mar. Al hacerse escaso el plancton allí, los enormes tiburones desaparecen. Durante algún tiempo, la gente suponía que los tiburones peregrino hibernaban como hacen los osos en invierno. Pero las señales de las placas revelaron que los tiburones migraban al sur hacia aguas profundas, donde el plancton sigue siendo abundante durante los meses fríos.*

ASIA

Londres

París

EUROPA

Madrid

Mar Mediterráneo

Rabat

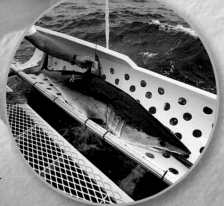

Tiburón mako *Con una placa satelital incrustada, este tiburón mako de aleta corta puede ser rastreado durante meses. Estos tiburones marrajo migran de manera individual. Pasan el verano en las aguas costeras del noreste de los Estados Unidos. A medida que el agua se enfría, hacen travesías maratónicas hasta Sudamérica y África.*

ÁFRICA

Océano Atlántico

Dakar

Tiburón azul *Los tiburones azules pasan gran parte de su vida migrando, persiguiendo peces o calamares a través de las regiones frías del mar. En el Atlántico, viajan con las poderosas corrientes oceánicas que fluyen en el sentido de las manecillas del reloj, en un gran círculo de oeste a este, y de regreso otra vez. En ocasiones, los barcos de pescadores buscan como blanco grandes bancos de tiburones azules cuando están migrando.*

Tiburón gata nodriza *No todos los tiburones hacen largas migraciones. Los tiburones gata nodriza viven en aguas tropicales poco profundas (sombreadas en verde en este mapa). Al igual que muchos tiburones lentos, son caseros y nunca salen de su lugar de nacimiento.*

Parientes del tiburón
Primos planos

Las rayas y las mantas, el pez guitarra y el pez sierra, son primos de los tiburones y son conocidos como batoideos, y viven por lo general cerca del fondo marino. Al igual que los tiburones, tienen esqueleto de cartílago, pero su cuerpo es aplanado y las aperturas branquiales están en la parte inferior. Estas aletas que parecen alas, permiten a los batoideos volar por el agua mientras cazan almejas, camarones u otras presas. Algunas especies de batoideos son de color gris opaco o parduzco, sin embargo, muchas lucen llamativas franjas, motas o manchas irregulares. Tan extrañas como pueden parecer, estas "aves de los mares" se encuentran por todos los océanos del mundo.

Mantarraya *También conocida como manta diablo, la mantarraya gigante es un filtro de comida. Mientras nada cerca de la superficie, las alas carnosas a cada lado de su hocico le ayudan a llevar pequeñas presas y agua a su gigantesca boca abierta. Unas aletas frente a las branquias atrapan la comida.*

Manta áspera *Líneas ásperas y manchas de espinas dan su nombre a la manta áspera. Por lo general, las mantas ásperas viven en las profundidades frescas del océano, por debajo de los 200 m (660 pies), donde pasan gran parte del tiempo enterradas parcialmente en la arena.*

Pez guitarra de boca de arco *Con la cabeza de una raya y la cola de un tiburón, el pez guitarra parece una guitarra o un banjo. El pez guitarra de boca de arco tiene espinas puntiagudas en la cresta de la espalda. Este morador de los fondos utiliza sus hileras de dientes irregulares para triturar cangrejos y otros mariscos.*

Cómo nada una raya

Las rayas y las mantas nadan batiendo sus alas de arriba hacia abajo, como lo hacen las aves. El pez guitarra y el pez sierra se mueven como tiburones, flexionando su cola de lado a lado.

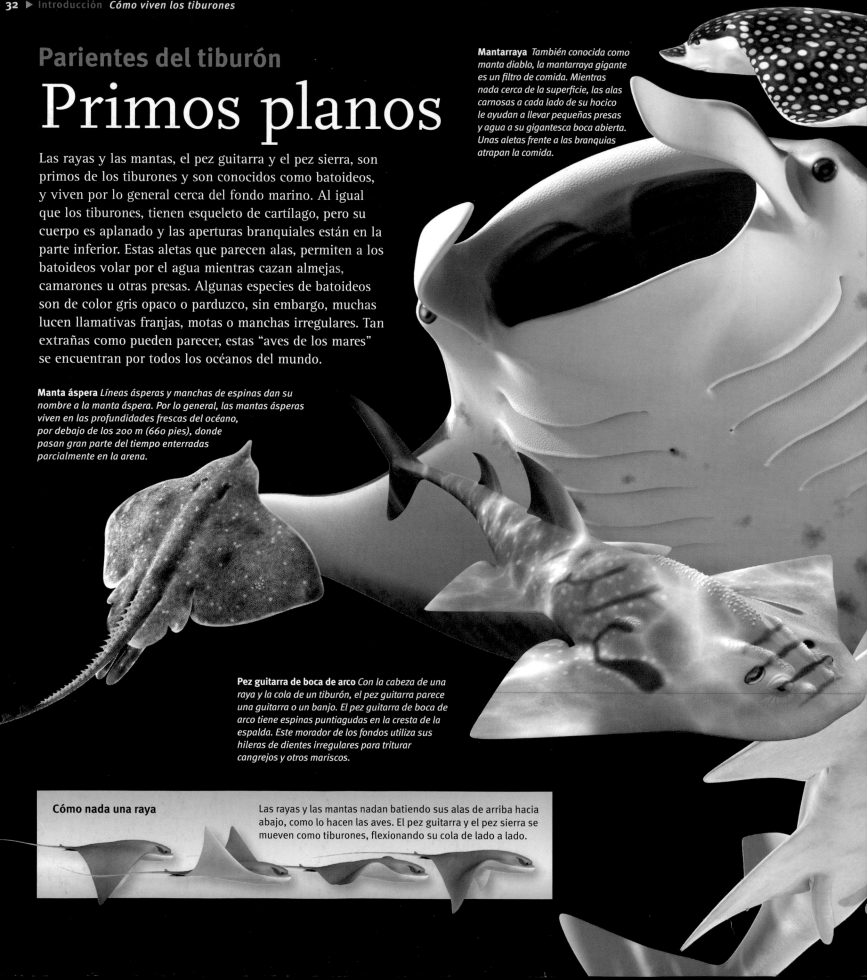

Raya Águila *La raya águila merodea entre las aguas poco profundas de los mares tropicales y utiliza su hocico puntiagudo para cavar y sacar almejas enterradas y otros alimentos. Su cola puede medir hasta 2.5 m (8 pies) de largo.*

Batoideos grandes y pequeños

Las rayas y las mantas tienen un disco redondo o en forma de corazón, y una delgada cola, parecida a un látigo. Muchas especies están armadas con espinas o púas para defenderse. El pez guitarra y el pez sierra combinan el disco plano de un batoideo con la cola de un tiburón. El disco de una manta raya (centro) puede medir más de 6.7 m (22 pies) de ancho, y el pez sierra puede medir hasta 6 metros (20 pies) de largo. Otras rayas son más pequeñas, y algunas mantas no son mucho más grandes que un plato extendido para comida.

Pez peine *Utilizando su sorprendente hocico tachonado de dientes, un pez peine puede revolver los sedimentos para inhabilitar presas pequeñas. Algunos especímenes tienen hasta 34 pares de dientes en su "sierra."*

Raya eléctrica del Pacífico *Con dos órganos especiales en el disco cerca de la cabeza, una raya eléctrica produce una corriente eléctrica que puede aturdir a un pez desprevenido. Antes de que la presa se restablezca, la raya nada encima y lo devora.*

CURIOSAS QUIMERAS

Las quimeras son parientes algo misteriosos de los tiburones y de las rayas. Se encuentran principalmente en mar profundo y tienen esqueleto de cartílago, pero en lugar de dientes superiores, tienen un pico parecido al de un loro. Además, este pez poco común tiene una sola apertura hacia sus branquias, y está cubierta.

Pez elefante El pez elefante tiene un hocico largo y acampanado equipado con órganos sensoriales que le ayudan a encontrar gusanos, cangrejos y otras presas enterradas en el fondo.

Quimera americana o pez rata Este pez rata vive a lo largo de las costas. A pesar de sus lindos ojos, su espina dorsal llena de veneno puede infligir una herida muy dolorosa.

Pez duende El hocico de este pez duende funciona como una antena flexible. Detecta campos eléctricos producidos por los cangrejos y otras presas.

Otros súper depredadores
Competencia

Cuando se trata de encontrar alimento en el mar, otros predadores compiten hasta con los poderosos tiburones. Uno de los más feroces competidores del tiburón es la orca. También conocidas como ballenas asesinas, estos agresivos velocistas tienen dientes con curvas hacia atrás, para atrapar muchos tipos de presas: peces, calamares, tortugas marinas, enormes ballenas azules y hasta tiburones. En total, una orca adulta puede comer 225 kg (500 libras) de comida cada día. Hasta el más poderoso gran tiburón blanco no es rival para una orca, la cual puede crecer hasta 9.1 m (30 pies) de largo y pesar más de 5.4 toneladas.

Rivales de los tiburones

Leones marinos, delfines, peces de gran tamaño como el mero gigante e incluso los cocodrilos de agua salada, están entre los depredadores superiores del océano. Estos merodean los mares, con frecuencia a la caza de las mismas presas que los tiburones.

Salto de espía *En ocasiones, las orcas levantan la parte superior de su cuerpo por fuera del agua y miran alrededor. Este comportamiento se llama salto de espía, pero nadie sabe porqué las orcas lo hacen.*

León marino ártico Estos grasosos pero fuertes mamíferos son carnívoros, atrapan peces roca, abadejo y otros, al igual que mantas y tiburones pequeños.

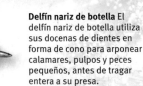

Delfín nariz de botella El delfín nariz de botella utiliza sus docenas de dientes en forma de cono para arponear calamares, pulpos y peces pequeños, antes de tragar entera a su presa.

Mero gigante El lento mero gigante tiene una boca grande pero dientes pequeños. Come principalmente cangrejos y camarones, además de criaturas que viven en el fondo, como el bagre o la pastinaca.

Cocodrilo de agua salada Bajo el agua, un cocodrilo atrapa las presas entre sus mandíbulas que parecen una prensa. Los animales pronto se ahogan. Las presas acuáticas, incluyendo a los tiburones toro pequeños, se sofocan, ya que no pueden mantenerse nadando.

DEFENSAS DEL TIBURÓN

Los tiburones utilizan algunos métodos de autodefensa intrigantes. Muchas especies utilizan las mandíbulas y dientes para contraatacar, o escapan rápidamente cuando un depredador los ataca. Otros están protegidos por camuflaje, púas filosas, o por la curiosa habilidad de hincharse y parecer más grandes.

Púas filosas Con sólo 50 cm (20 pulgadas) de largo, el tiburón coralino del Caribe elude a los predadores con las púas filosas que tiene al frente de sus dos aletas dorsales.

Seguridad en la cantidad Los tiburones coralinos de punta blanca se apiñan juntos debajo de las formaciones de coral, o en las salientes de las rocas, lugares donde los predadores más grandes no pueden atacar con facilidad.

Tiburón para almorzar
Con su cuerpo muscular y su enorme hígado lleno de aceite, el tiburón blanco es un alimento nutritivo. Varias orcas pueden compartir el festín.

Manada poderosa

Las orcas viven y cazan en grupos llamados manadas. Una manada de orcas puede significar grandes problemas para un tiburón blanco. Cerca de las islas Farallón, en la costa de California, los científicos observaron a los miembros de una manada lanzar a un gran tiburón blanco al aire como si fuera una pelota de playa, antes de matarlo y comérselo. Dado su tamaño y poder, hasta una orca sola es un reto imponente para un tiburón blanco en solitario.

Ataque de Orca *Al igual que el gran tiburón blanco, las orcas atacan desde abajo en un súbito destello de velocidad. Se les ha cronometrado a 48 km/h (30 m/h). Los ejemplares más grandes guían el ataque, y los más pequeños se unen después.*

Protección esponjada Cuando un predador amenaza a un tiburón pejegato hinchado, éste traga agua y se esponja, y puede crecer hasta dos veces su tamaño normal.

Coloración críptica Los tiburones cebra adultos tienen motas, pero las crías jóvenes tienen líneas que se combinan con el agua matizada de luz de las aguas poco profundas.

Ataques de tiburón

Aletas obscuras nadando en círculo, dientes feroces dando cuchilladas, el océano en un remolino de sangre: ésta es la terrorífica reputación de los tiburones. La mayoría de los dientes de tiburón son tan filosos como una navaja, con facilidad pueden rasgar a través de la carne humana. En muy raras ocasiones los tiburones grandes hacen blanco de los humanos como presa, pero tan raro como parezca, la mayoría de los ataques de tiburón son simplemente errores. Si un tiburón de puntas negras que está cazando cerca de la orilla percibe vibraciones en el agua y ve un movimiento rápido, puede apurarse y atrapar un pie en lugar del pez que esperaba. El agua turbia o la luz tenue de la aurora o del atardecer hacen más probable un ataque. Y aun un tiburón en descanso puede ser estimulado a atacar si un buceador curioso o descuidado se acerca demasiado.

Delfín

Tiburón peregrino

Marlin

Mantarraya

¿Cuáles son las probabilidades?

Las probabilidades de un ataque de tiburón son extremadamente pequeñas, solamente una en doce millones. Los nadadores tienen cinco veces más probabilidades de ahogarse o de sufrir una lesión de cualquier otra forma. Cada año hay alrededor de 75 ataques de tiburón sin provocación, y la mayoría de las víctimas sobreviven.

	Muertes por año en EUA (promedio)
Ataque de tiburón	0.5
Ataque de perro	18
Rayo	40
Ahogarse en la playa	74
Venado (chocar con él en auto)	130
Veleando	250

TIBURÓN ¿O NO?

Una aleta dorsal cortando el agua no siempre es una alarma de tiburón. Los delfines, los gentiles tiburones peregrino, y varias otras criaturas marinas tienen aletas dorsales que algunas veces rompen la superficie. Hasta el "ala" de una mantarraya puede parecerse a la aleta dorsal de un tiburón.

¡Devorador de personas!

Muchos expertos creen que los tiburones toro son los tiburones más peligrosos. Al igual que el gran tiburón blanco, son agresivos y cazan presas grandes. Muchos tiburones se alejan si una persona los patea o les pega en defensa propia. Pero no el tiburón toro, éste regresa una y otra vez, concentrado solamente en su objetivo. Y una vez que sus mandíbulas se cierran sobre una víctima, el tiburón toro puede retenerla aun mientras los rescatistas lo atacan.

Zona de peligro *El tiburón toro casi siempre ataca a los humanos cerca de la costa. Pueden merodear en lagunas tropicales, aguas superficiales de los ríos, hasta en estrechos canales tapizados de casas. Surfistas en solitario, buzos, y nadadores que se estén dando un chapuzón, se pueden convertir en una tentadora presa potencial.*

Nadar
sin peligro

Relajados *Si la gente permanece suficientemente lejos del tiburón, él no se sentirá amenazado. Por lo general la ignora y nada normalmente, manteniendo su recorrido en línea recta.*

En el mar, las personas son visitantes del mundo de los tiburones. Si bien es raro que ataquen, la gente que tenga conciencia de los tiburones puede tomar medidas sencillas para limitar el riesgo. Es sabio permanecer en la playa durante el amanecer y el crepúsculo, cuando los tiburones cazan activamente. Los tiburones pueden detectar los movimientos incluso de presas pequeñas, y tienen un agudo sentido del olfato, así que a donde pudiera llegar un tiburón, los nadadores deben evitar las inmersiones vigorosas, y permanecer fuera del agua si están sangrando. Un cardumen que pasara o un barco de pesca también pueden atraer a los tiburones a la playa. Además, un tiburón de vista aguda podría decidir investigar joyas o ropas brillantes que contrasten con la piel de alguien.

Ser consciente de los tiburones

"Los comedores de hombres" como los grandes blancos, tiburones tigre y tiburones toro, siempre son peligrosos para los seres humanos, pero la mayoría de ellos no representan un peligro para la gente que se mantiene a una distancia respetuosa. Cuando alguna persona se llega a acercar demasiado, el tiburón puede utilizar lenguaje corporal para indicar: "¡Aléjate!" Su despliegue es una advertencia de que el tiburón percibe a la persona como una amenaza seria, y pudiera lanzarse al ataque para protegerse.

Escape afortunado
Sobrevivir al ataque de un tiburón puede requerir suerte, valor o ambos. Algunas víctimas alejan a los tiburones agresivos con golpes certeros en el ojo o la nariz. El propietario de esta tabla de surfeo, fue extremadamente afortunado. Tenía marcas de dientes en su traje de buzo, pero escapó sin un rasguño. El tiburón se fue con sólo un sabroso bocado de tabla.

Advertencia ignorada *Esta buceadora usa un colgante con un diente de tiburón como talismán, una tradición que empezó en Hawái, donde se reverencia a los tiburones como espíritus poderosos. Sin embargo, el colgante no será suficiente para protegerla, si persiste en acercarse demasiado al tiburón. Ella necesita responder a las señales de advertencia del tiburón y abandonar el área, o el tiburón podría montar un ataque defensivo.*

PRECAUCIONES

En ciertas regiones costeras, los tiburones peligrosos son comunes. Para ayudar a prevenir encuentros indeseados, las autoridades pueden ordenar patrullas de avistamiento de tiburones o colocar redes de protección en el agua. Los buceadores y los científicos pueden usar jaulas u otras protecciones para mantener a los tiburones a raya.

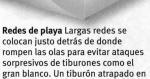

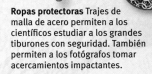

Patrulla de tiburones Cerca de muchas playas concurridas, tripulaciones sobrevuelan en helicóptero, volando bajo, en busca de aletas dorsales u otras señas de tiburones.

Redes de playa Largas redes se colocan justo detrás de donde rompen las olas para evitar ataques sorpresivos de tiburones como el gran blanco. Un tiburón atrapado en la red, puede sofocarse y morir.

Ropas protectoras Trajes de malla de acero permiten a los científicos estudiar a los grandes tiburones con seguridad. También permiten a los fotógrafos tomar acercamientos impactantes.

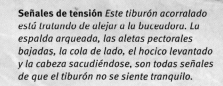

Señales de tensión *Este tiburón acorralado está tratando de alejar a la buceadora. La espalda arqueada, las aletas pectorales bajadas, la cola de lado, el hocico levantado y la cabeza sacudiéndose, son todas señales de que el tiburón no se siente tranquilo.*

Tiburones
en peligro

En todo el mundo oceánico, los tiburones están bajo amenaza. Cada año las redes y anzuelos de las flotas pesqueras comerciales, capturan hasta 100 millones de tiburones, y 70 millones de ellos mueren una vez que les cortan las aletas. Las actividades humanas contaminan e incluso destruyen los arrecifes de coral y los manglares, y con ellos se van los hogares de las crías de tiburón. Para empeorar las cosas, muchos tiburones deben crecer 10 o 20 años antes de poder aparearse y tener crías. Estas son malas noticias para los tiburones, porque significa que mueren más de los que nacen, así que los números de estos grandes cazadores siguen disminuyendo. Con tantos predadores superiores en desaparición, el equilibrio natural del océano también está en peligro.

TIBURONES EN PELIGRO

La Unión Mundial para la Conservación monitorea las amenazas a los tiburones. Las especies en peligro crítico quedarán extintas próximamente. Las especies incluidas como en peligro o vulnerables, posiblemente tengan más tiempo, pero también están bajo seria amenaza.

Tollo listado *En peligro crítico* Las redes de pesca han capturado a muchos miles de estos pequeños tiburones. Poco falta para que desaparezcan de sus aguas nativas, en la costa sudeste de Sudamérica.

Cazón picudo *En peligro crítico* Los expertos han tratado de educar a los pescadores locales en cuanto al inminente peligro para el cazón picudo, pero la especie ha casi desaparecido de las cosas de Venezuela y los países cercanos en donde alguna vez floreció.

Angelote *En peligro* Las redes de arrastre que recorren el suelo marino, con frecuencia recogen angelotes, y las redes colocadas para atrapar a otros peces matan a otros más, como pesca incidental.

Tiburón tigre de arena *Vulnerable* Una hembra de tiburón tigre de arena sólo tiene dos cachorros cada dos años. Como nacen tan pocas crías, perder unos cuantos adultos puede agotar seriamente una población de éstos tiburones.

Enredados *Los barcos de pesca comercial con frecuencia usan fuertes redes de nilón monofilamento que se pueden extender a más de 50 km (30 millas). Tiburones como este tiburón zorro de mar pueden no ver la fatal red hasta que es demasiado tarde.*

Caer en la trampa

Pesca incidental es cuando un pez cae en las trampas originalmente colocadas para pescar una especie diferente. Incontables tiburones mueren con la pesca incidental, ya sea atrapados en redes o colgados de los anzuelos dispuestos para otro tipo de pez. Unas pocas naciones tienen leyes que prohíben la captura de tiburones en peligro o bajo amenaza, pero la pesca incidental es permitida. Esta laguna en la ley significa que muchos tiburones protegidos podrán morir de todos modos.

Atraído por la presa
Los tiburones pueden terminar enredados al ir persiguiendo presas como atunes y macarelas, e incluso si llegan a sobrevivir, podrán ser muertos a bordo de algún barco o les pueden cortar sus valiosas aletas.

Un martillo sentenciado *Las flotas pesqueras a menudo operan en mar abierto, donde sus amplias redes y palangres (hilos para pescar a los que les cuelgan muchos anzuelos) pueden capturar a una gran variedad de tiburones martillo. Atrapado sin esperanza en la malla de esta red, esta cornuda cruz tiene muy poca posibilidad de escapar.*

Sin remedio *Un tiburón enredado colea desesperadamente, pero no puede nadar. Como el agua de mar a penas se mueve entre sus agallas, no obtiene suficiente oxígeno. A pesar de estar bajo el agua, el tiburón lentamente se sofocará y morirá sin remedio.*

Sopa de aleta
La industria pesquera gana mucho dinero vendiendo aletas de tiburón, que se usan en los países asiáticos en una sopa de lujo. Una vez cortadas las aletas, generalmente el tiburón es devuelto al mar, pero como no puede nadar, se hunde en el fondo y muere.

Protección al depredador

Salvemos a los tiburones

Como los tiburones están en peligro, mucha gente trata de asegurar que sobrevivan estos superestrellas del mar. En muchas partes del mundo ahora es ilegal dañar a las especies vulnerables, como el gran tiburón blanco y el tiburón ballena. Los grupos de conservación urgen a los gobiernos a proteger a los tiburones de la pesca excesiva o el corte de aletas. Otros programas están trabajando para proteger y restaurar los hábitats que son criaderos para los tiburones bebé. Los científicos están usando aparatos de alta tecnología para resolver muchos misterios sobre los tiburones, por ejemplo, cómo navegan y realizan sus largas migraciones a través de los mares. Los acuarios públicos y el turismo de aventura están permitiendo que millones de personas aprendan sobre la vida submarina de los tiburones. Estos esfuerzos y más, buscan dar a los tiburones una cuerda de seguridad hacia el futuro.

En cautiverio
Los acuarios públicos juegan un papel importante para educar a la gente en cuanto a la vulnerabilidad y declive de los tiburones. Grandes tiburones tigre de arena, como éste, casi han desaparecido de las aguas de Australia y muchas otras partes del mundo oceánico.

Tiburón limón o galano *La madre tiburón limón da a luz a sus crías en los bajíos cerca de los manglares. Allí, el alimento es abundante, y los bebés están protegidos de tiburones más grandes, quienes deben permanecer en aguas profundas. Los tiburones limón jóvenes, pueden vivir en los terrenos de cría durante varios años.*

Turismo de tiburones
En algunos lugares, los tiburones se han convertido en una importante atracción turística, y la gente viaja al otro lado del mundo para bucear con ellos. El éxito de la industria del nado con tiburones comprueba que los tiburones son más valiosos vivos que muertos.

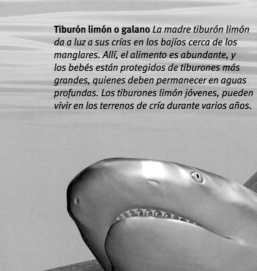

Las presas de las crías
Muchas especies de cangrejos, camarones y peces pequeños, buscan abrigo entre las raíces sumergidas de los manglares. Son una abundante fuente de comida para las crías de tiburón limón.

enfoque

Nivel del mar

ZONA DE LUZ SOLAR

200 m (660 pies)

240 m (775 ft)

ZONA DE PENUMBRA

1,000 m (3,300 pies)

GRAN TIBURÓN BLANCO: DATOS

TAMBIÉN CONOCIDO COMO: Jaquetón blanco, comedor de hombres

ESPECIES: *Carcharodon carcharias*

GRUPO: Tiburones macarela, (orden lamniformes)

DIETA: Peces, otros tiburones, mamíferos marinos como las focas

HÁBITAT: En meses cálidos, cerca de costas e islas, especialmente alrededor de colonias de focas; en invierno mar abierto

REPRODUCCIÓN: Vivíparos, entre 2 – 14 crías; los embriones se alimentan de los huevos no desarrollados; 12 meses de gestación

ESTADO DE CONSERVACIÓN: Vulnerable; protegido en muchos lugares

Gran tiburón blanco

Sobrecargado

Paseando por casi la totalidad del mundo marino, el gran tiburón blanco rige como el tiburón más poderoso de todos. Como su ancestro, el megalodonte, el gran blanco es aterrador, con sus enormes quijadas llenas de dientes triangulares, y un tamaño que puede llegar a los 6 m (20 pies) o más. Con su visión a colores y otros agudos sentidos, el gran blanco salta sobre su presa, luego se apresura a matar a velocidad explosiva. Un tiburón blanco joven puede atrapar peces u otros tiburones, pero conforme crece a su tamaño completo, va tras presas cada vez más grandes, como elefantes marinos, leones marinos, delfines y ballenas pequeñas. Cualquier cosa que parezca una presa, inclusive un desafortunado ser humano, puede convertirse en el siguiente almuerzo del gran blanco.

¿Foca o surfista?
Las investigaciones muestran que el gran tiburón blanco puede ver siluetas de objetos parecidas a su presa. Desde abajo, una foca se ve como un óvalo oscuro con patas, igual que un surfista en su tabla.

Cola en acción *El gran blanco utiliza sus agudos sentidos para guiar su lento acercamiento. En el momento preciso, su cola musculosa impulsa al enorme tiburón hacia su incauta presa.*

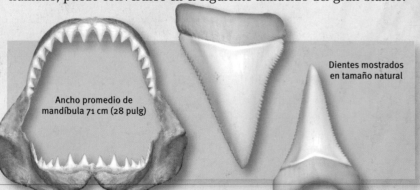

Dientes mostrados en tamaño natural

Ancho promedio de mandíbula 71 cm (28 pulg)

El gran tiburón blanco de cerca
Las mandíbulas de un gran tiburón blanco se pueden abrir más de 60 cm (2 pies) de ancho. Con este gran bocado, el tiburón se puede tragar inmensos pedazos de comida, como la cola de un elefante de mar, un pelícano completo o un pedazo impresionante de tabla de surf. Los colmillos aquí mostrados pertenecen a un adulto hembra de tamaño promedio, de 5 m (16 pies) de largo.

Niño de 10 años
1.40 m (4.5 pies)

Hembra de gran tiburón blanco
promedio 5 m (16 pies)

Un momento de descuido *Las focas elefante del norte son mamíferos que deben respirar en la superficie. Durante unos segundos, estos pesados pero ágiles nadadores se vuelven torpes y vulnerables, y un gran tiburón blanco aprovecha para atacar.*

Morder y soltar *Los grandes blancos usan una estrategia de morder y soltar para capturar a las focas elefante del norte. Después de que una feroz primera mordida desgarra la cola de la foca, el tiburón la suelta. La foca empieza a morir desangrada y el tiburón regresa a comer. Un gran jaquetón puede incluso llevarse a una presa pequeña entre sus mandíbulas cerradas, esperando a que muera, antes de devorarla.*

Cámara escondida *Esta escena de la cacería de una foca se muestra desde adentro de un segundo gran tiburón blanco, quien ha abierto sus increíbles mandíbulas y está por unirse al ataque.*

Foca para comer

Una animada colonia de focas o leones de mar es un banquete servido para los grandes tiburones blancos. Si bien muchos pueden llegar al festín, sólo los más grandes ocuparán los puestos centrales. En un artero ataque desde abajo, los grandes jaquetones dominantes se lanzan en rápido y furioso ataque. Al teñirse las aguas con la sangre de las agonizantes presas, individuos más pequeños merodean por las orillas, listos a engullirse las sobras. Sólo comerán después de que sus primos más grandes se hayan saciado.

Nivel del mar

ZONA DE LUZ SOLAR

200 m (660 pies)

ZONA DE PENUMBRA

1,000 m (3,300 pies)

1,200 m (4,000 ft)

ZONA DE OSCURIDAD

2,000 m (6,600 pies)

DURMIENTE DE GROENLANDIA: DATOS

ESPECIES: *Somniosus microcephalus*

GRUPO: Tiburones cazón, (orden *Escualiformes*)

DIETA: Peces, focas y leones marinos, aves acuáticas, calamar gigante y pulpos, moluscos, ballenas muertas, animales terrestres ahogados

HÁBITAT: Aguas frías en plataformas y barreras continentales

REPRODUCCIÓN: Vivíparos, entre 10 cachorros aproximadamente; los embriones se alimentan de la yema del cigoto; periodo de gestación desconocido

ESTADO DE CONSERVACIÓN: En peligro

Durmiente de Groenlandia
Frío y profundo

Imagina a los pescadores inuit en el helado Ártico jadeando y resoplando mientras arrastran un fofo tiburón de más de 6 m (20 pies) de largo y más de 1,100 kg (2,400 lb) de peso. Supuestamente, los inuit usaron intestinos de foca para atraer a su presa, el Durmiente de Groenlandia, el pez más grande del Ártico. Existen varias especies de tiburones durmientes. El durmiente del pacífico caza en las aguas profundas y frías del Pacífico, y otro gigante vive en las aguas cercanas de la Antártica. Los durmientes cazan presas vivas y también son carroñeros de restos muertos. Los científicos han encontrado una asombrosa variedad de artículos en sus estómagos: desde un calamar colosal de 14 m (46 pies) de largo, a pedazos de venado, caballos y osos polares.

Mares helados *Los gigantescos tiburones durmientes son los únicos tiburones que sobreviven durante largas temporadas en los mares polares, donde la superficie puede llegar a los -2° C (28° F). Al igual que otras especies grandes de sangre fría, son lentos, y probablemente usen la astucia y no la velocidad para cazar presas vivas.*

Dientes mostrados en tamaño natural

Ancho promedio de mandíbula 64 cm (25 pulg)

Los durmientes de cerca

Las mandíbulas de un durmiente pueden medir casi 64 cm (25 pulgadas) de ancho, con una mordida casi del tamaño de la del gran jaquetón. Dispuestos en forma curva y con las puntas romas, sus dientes superiores son herramientas ideales para atravesar a sus presas. Los dientes inferiores se entrelazan, formando una navaja que puede cortar a través de la carne como un cuchillo de cocina.

Niño de 10 años 1.40 m (4.5 pies)

Hembra de durmiente de Groenlandia promedio 4.3 m (14 pies)

Presa congelada *Una mirada al estómago de un tiburón durmiente de Groenlandia muestra que sus presas de agua fría incluyen a peces como el bacalao del ártico. El tiburón arponea a los peces con sus filosos colmillos superiores.*

Arriba y abajo

Los tiburones durmientes de Groenlandia durante el invierno cazan presas tipo focas en las superficies, pero en verano migran a profundidades más frías. Atravesando en la oscuridad, cerca del suelo oceánico, los tiburones cazan pulpos y otras presas que habitan en el fondo, pero también actúan como carroñeros, y consumen todo animal muerto que se encuentren.

Abismos compartidos

Más de 200 especies de tiburones están adaptadas para vivir en las profundidades del océano. Como los tiburones durmientes, muchos tienen cuerpos blandos y ojos hechos para detectar luces tenues.

Caza a ciegas *A veces, ciertos copépodos diminutos y brillantes se pegan a los glóbulos oculares del tiburón durmiente, quien queda ciego y debe confiar en sus otros sentidos para localizar su alimento. El luminoso parásito posiblemente ayude al durmiente atrayendo presas a su boca.*

Oscuras profundidades
Los tiburones durmientes se sumergen en negras profundidades para encontrar el agua helada que prefieren. Sus pequeños ojos son altamente sensibles a la pálida luz, incluso al fantasmal brillo que producen ciertos animales del mar profundo.

Tiburón espinoso Cubierto de manchones y espinas, este extraño tiburón de los abismos es una sorpresa que se encuentra cerca del fondo.

Tiburones anguila Los tiburones anguila que nadan enseñando los irregulares dientes, viven en la oscura y helada barrera continental.

Tollo pigmeo espinoso La luz que producen ciertos órganos que tiene este pequeñísimo tiburón en la panza, pueden ayudarle a atraer parejas o a confundir predadores potenciales.

Musolón de aleta larga Un falso tiburón gato come peces, pero también puede usar su ancha boca para carroñar en la basura del mar abisal. Un científico halló una vez una lata de refresco en el estómago de un tiburón gato.

Tollo negro Primos pequeños de los tiburones durmientes, los tollos negros forman cardúmenes y migran a aguas más superficiales en invierno.

ZONA DE LUZ SOLAR

Nivel del mar

150 m (500 ft)

200 m (660 pies)

ZONA DE PENUMBRA

1,000 m (3,300 pies)

TIBURÓN TORO: DATOS

ESPECIES: *Carcharhinus leucas*

GRUPO: Tiburones réquiem, (orden *Carcharhiniformes*)

DIETA: Peces, incluyendo otros tiburones, mamíferos marinos; tortugas de mar. Han atacado a seres humanos.

HÁBITAT: Costas tropicales y estuarios; a veces se encuentran en ríos de agua dulce

REPRODUCCIÓN: Vivíparos, entre 10 crías aproximadamente; los embriones se alimentan por placenta; periodo de gestación 11 meses

ESTADO DE CONSERVACIÓN: En peligro

Tiburón toro

Amenaza tropical

Terrible súper depredador, el tiburón toro es el culpable de muchos de los ataques serios de los tiburones a los seres humanos. Cazan a sus presas, grandes o pequeñas, mientras recorre las cálidas aguas costeras y estuarios. La mayoría de los tiburones mueren si nadan a aguas dulces, pero no el tiburón toro. Con inusuales adaptaciones en el cuerpo para manejar aguas dulces y saladas, esta especie puede abandonar el mar y nadar corriente río arriba. Los tiburones toro generalmente aparecen en ríos e incluso en lagos en América del Sur, África e India. En los Estados Unidos han viajado más de 2,900 km (1,800 millas) río arriba por el Mississippi hasta Illinois, mientras que mucho más al sur, en Perú, han subido hasta 3,700 km (2,300 millas) por el poderoso río Amazonas.

Cruce traicionero

A cientos de kilómetros del mar, un tiburón toro embosca a un ñu que atraviesa un río turbio. Los tiburones toro son agresivos y pesados, llegando a los 2.7 m (9 pies), y no temen enfrentar presas grandes. Un tiburón toro puede incluso golpear con su cuerpo algún barco de turistas que se acerque demasiado.

Aleta dorsal *Una alta aleta dorsal que corta la superficie del agua puede ser la única clave de que el ataque es inminente.*

Corpulento *El cuerpo de un tiburón toro, es amplio, sólido y robusto. Un adulto puede pesar de 90-225 kg (200 a 500 lb), y tener una longitud de 2.1-3.5m (7 a 11.5 pies).*

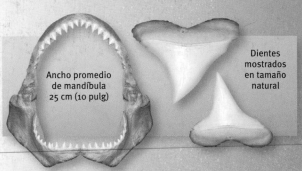

Ancho promedio de mandíbula 25 cm (10 pulg)

Dientes mostrados en tamaño natural

Los tiburones toro de cerca

Los tiburones toro tienen mandíbulas muy poderosas. Los grandes dientes superiores triangulares tienen sierras como las de los cuchillos para pan, por lo que son herramientas ideales para rebanar presas grandes como delfines, tortugas de mar o incluso otros tiburones.

Niño de 10 años 1.40 m (4.5 pies)

Hembra de tiburón toro promedio 2.7 m (9 pies)

Compañeros de viaje *Las cebras siguen las huellas de los ñu. Si logran llegar al otro lado del río, ahora deberán evitar a los hambrientos leones que los esperan entre los arbustos.*

Ñu *En su migración a través de las llanuras africanas, grandes manadas de ñus deben cruzar peligrosos ríos. En el agua, muchos caen presa de los cocodrilos y ocasionalmente del tiburón toro.*

Ojos *El tiburón toro tiene ojos pequeños y seguido se alimenta en aguas turbias. Depende de otros sentidos para tener éxito en su cacería.*

Hocico *Su hocico corto y romo inspiró el nombre común del tiburón toro.*

Aletas pectorales *Un par de afiladas y rígidas aletas pectorales ofrecen impulso para levantar el pesado y robusto cuerpo del tiburón toro mientras nada.*

TIBURONES DE RÍO

El misterio rodea a los tiburones de río, como el tiburón del Ganges. Como los toro, pueden sobrevivir largos periodos en ríos y estuarios. Varias especies diferentes se encuentran en lugares como Pakistán, India y el norte de Australia, pero todos son extremadamente escasos y posiblemente estén en peligro de extinción.

Ojos pequeños y oscuros

Aleta dorsal ancha

ZONA DE LUZ SOLAR

Nivel del mar

200 m (660 pies)

275 m (900 pies)

ZONA DE PENUMBRA

1,000 m (3,300 pies)

☐ Tiburón martillo común

TIBURONES MARTILLO: DATOS

ESPECIES: 9 especies de la familia *Sphyrnidae*

GRUPO: Tiburones de fondo, (orden *carcharhiniformes*)

DIETA: Peces, calamares, pulpos, rayas, crustáceos

HÁBITAT: Aguas costeras templadas

REPRODUCCIÓN: Vivíparos, entre 20 – 50 crías; los embriones se alimentan por la placenta; 10 meses de gestación

ESTADO DE CONSERVACIÓN: El martillo gigante está en peligro de extinción; la cornuda de ojos chicos, vulnerable; el martillo común, la cornuda cruz, la cornuda planeadora y la cornuda coronada están amenazados.

Todos reunidos

Los tiburones martillo comunes generalmente se trasladan en grupos compuestos por cientos de individuos. Cada año, en el Océano Pacífico Oriental, varios grupos de tiburones martillo visitan las montañas marinas, elevaciones submarinas alrededor de las cuales los tiburones encuentran multitud de presas.

Tiburón Martillo

Un amplio mundo

El tiburón martillo es el tiburón más fácil de identificar, gracias a su extraña cabeza en forma de martillo. Conocida como lóbulo cefálico, la cabeza tiene un ojo en cada extremo, un par de orificios nasales muy separados entre sí en su borde frontal y una serie de órganos electroreceptores, que le ayudan al tiburón a localizar peces, calamares y otras presas. Los tiburones martillo se encuentran en mares templados tropicales alrededor del mundo. Varían desde los pequeños llamados cornuda tiburo y cornuda cuchara, hasta los de mayor tamaño, como la cornuda cruz y el tiburón martillo común. El mayor de todos es el tiburón martillo gigante, que puede llegar a medir hasta 6m. (20 pies) y pesar más de 450 kg (1000 lb).

Fosas nasales *Un tiburón martillo sigue un rastro olfativo nadando de lado a lado, siempre girando hacia la fosa nasal en la que percibe el olor más fuertemente.*

Dientes mostrados en tamaño natural

Ancho promedio de mandíbula 18 cm (7 pulg)

El tiburón martillo de cerca
Los tiburones martillo tienen boca chica y colmillos pequeños. Los dientes superiores del tiburón martillo común (izquierda) son romos y en forma de cuchilla, mientras que los inferiores son puntiagudos. El cuadro comparativo a continuación nos muestra las especies pequeña, mediana y grande de tiburón martillo.

Niño de 10 años
1.40 m (4.5 pies)

Hembra de cornuda tiburo promedio
1.10 m (3.5 pies)

Espacio personal *Un tiburón martillo dominante puede realizar desplazamientos amenazantes para evitar que otros tiburones martillo se acerquen demasiado. Vueltas, giros y otras maniobras gimnásticas envían el mensaje de "guarden su distancia".*

Hembra de tiburón martillo gigante promedio 3.7 m (12 pies)

Hembra de tiburón martillo común promedio 2.60 m (8.5 pies)

Forma de la cabeza Desde arriba, la ancha cabeza de un tiburón martillo puede parecer desgarbada, pero una vista lateral nos revela que su cabeza es aerodinámica, parecida al ala de un aeroplano. Los diagramas abajo muestran las cabezas de tres especies de tiburón martillo vistas de arriba y de costado.

En grupo *En algunos grupos de tiburones martillo, casi todos los tiburones son hembras. Las hembras más grandes permanecen en el centro del banco, ahuyentando a los tiburones más pequeños que se acercan demasiado.*

Cornuda planeadora El lóbulo cefálico de este tiburón tiene las "alas" más largas y angostas de todas las especies de tiburón martillo, miden prácticamente la mitad del largo de su cuerpo. Sus fosas nasales son enormes, cada una casi del doble de ancho que su boca. Las cornudas planeadoras viven en los cálidos mares localizados entre la India y Australia.

Una cabeza alada *Los extremos en forma de ala del lóbulo cefálico de los tiburones martillo le permiten mayor maniobrabilidad. Funcionan de manera muy parecida a las alas de los aviones para levantar el frente del cuerpo del tiburón al nadar.*

Ojos *Puesto que sus ojos están a ambos lados del martillo, este tiburón no puede ver directamente hacia el frente de su hocico sin voltear la cabeza.*

Cornuda cruz La falta de una muesca en medio de la gran cabeza de este tiburón ayuda a distinguirlo de otros tiburones martillo. La cornuda cruz se encuentra en todo el mundo en zonas templadas y tropicales, pero prefiere aguas más frescas. Es la única especie que se puede encontrar en las costas de Canadá.

Cornuda tiburo No todos los tiburones martillo tienen una cabeza "alada". La cornuda tiburo tiene una cabeza más redondeada, en forma de pala, por lo que en ocasiones se conoce como "cabeza de pala". El más pequeño de los tiburones martillo, esta especie habita en aguas cálidas de las costas de Norte y Sudamérica.

INMOVILIZADA

Los tiburones martillo gigantes frecuentemente se alimentan de otros tiburones y de rayas. Este tiburón utiliza su cabeza para inmovilizar a la mantarraya en el fondo, antes de arrancarle las aletas. Se han encontrado restos de espinas de mantarraya clavadas en las mandíbulas y estómagos de los martillos gigantes sin causarles daño alguno.

Nivel del mar

ZONA DE LUZ SOLAR

200 m (660 ft)

ZONA DE PENUMBRA

700 m (2,300 ft)

1,000 m (3,300 ft)

TIBURÓN BALLENA: DATOS

ESPECIE: *Rhincodon typus*

GRUPO: Tiburones alfombra (Orden *Orectolobiformes*)

DIETA: Plancton, crustáceos, calamares y peces pequeños.

HÁBITAT: Mares tropicales templados y cálidos; se mueve entre las aguas costeras y el mar abierto; frecuentemente visible en la superficie pero puede sumergirse hasta más de 700 m (2,300 pies)

REPRODUCCIÓN: Vivípara con camadas hasta de 300 crías; los embriones se nutren de la yema del cigoto. Se desconoce el tiempo de gestación.

ESTADO DE CONSERVACIÓN: Vulnerable; protegido en muchos sitios.

Alimento flotante *El plancton incluye algas, copépodos, pequeñas medusas, y otros organismos que flotan en las corrientes oceánicas. El krill, similar al camarón, también constituye un alimento predilecto de los tiburones ballena.*

Tiburón Ballena
Un gigante gentil

La palabra gigante es la más adecuada para describir al tiburón ballena, el más grande de todos los peces del mar. Este inmenso tiburón puede medir por lo menos 14 m (46 pies), más largo que un autobús escolar, y pesar hasta 15 tons. A pesar de su grandioso tamaño, el tiburón ballena no es un cazador feroz ni veloz, por el contrario, al igual que el tiburón peregrino y el tiburón boca grande, es un perezoso filtrador, que tiene grandes branquias con las que criba el plancton y otras criaturas pequeñas pequeñas del agua de mar. Algo todavía más asombroso es que utilizando el rastreo satelital, los científicos han descubierto que este gigante de los océanos realiza migraciones muy extensas. Un tiburón ballena viajó desde la costa de México hasta la isla de Tonga en el Pacífico Sur, un increíble recorrido de más de 13,800 km (8,600 millas)

Abre grande *Mientras se alimenta, el tiburón ballena mueve su cabeza de lado a lado. La enorme boca puede medir más de 1.20 m (4 pies) de ancho.*

Peces piloto *Frecuentemente, pequeños peces piloto viajan con los tiburones ballena. Ellos utilizan el cuerpo masivo del tiburón como un arrecife móvil y se esconden bajo su sombra.*

Branquias filtradoras *El agua del mar fluye hacia la boca del tiburón ballena, luego es expulsada a través de sus grandes branquias. Unas ásperas branquispinas atrapan cualquier partícula de alimento en el agua.*

Crestas, lunares y rayas

El tiburón ballena tiene el vientre blanco y el dorso gris oscuro salpicado de lunares y rayas claras. Como una huella digital, el diseño de los lunares y rayas es diferente en cada tiburón.

Suspendido

Si un tiburón ballena se encuentra con una densa mancha de plancton, se queda suspendido verticalmente bajo la abundancia alimentaria. Entonces abre su inmensa boca, aspirando un remolino torrencial de agua, plancton y todo.

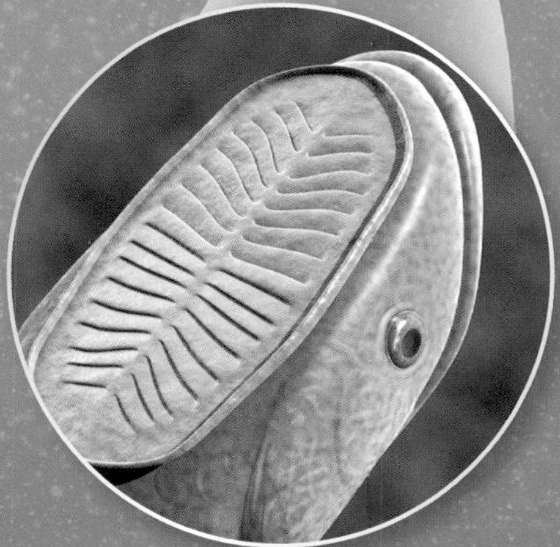

COMPAÑEROS FILTRADORES

D e las más o menos 440 especies de tiburones existentes, sólo 3 son conocidos como filtradores: el tiburón ballena, el tiburón peregrino y el tiburón boca grande.

El tiburón peregrino Las grandes aperturas branquiales del tiburón peregrino prácticamente le rodean la cabeza. Nada con la boca muy abierta mientras filtra su alimento, cerca de la superficie del mar.

El tiburón boca grande El boca grande es una especie escasa, de aguas profundas. Alrededor de su enorme boca tiene órganos especiales llamados fotóforos que producen luminiscencia y posiblemente lo ayudan a atraer peces pequeños o plancton.

Viaje gratis *Las rémoras utilizan una ventosa para sujetarse a los tiburones ballena y a otros peces mayores. Mientras el tiburón ballena nada, la rémora va montada en él y se alimenta de los parásitos que se alojan en la piel del gigante.*

Un gran cuerpo

La mayoría de las hembras adultas de tiburón ballena miden cerca de 8.80 m (29 pies) pero algunos de los individuos de mayor edad crecen considerablemente más. Al igual que sus primos los wobbegongs, los tiburones ballena poseen un gran espiráculo detrás de cada ojo, pero probablemente no los usen para respirar.

Niño de 10 años
1.40 m (1-5 pies)

Hembra de tiburón
ballena promedio
8.80 m (29 pies)

ZONA DE LUZ SOLAR

Nivel del mar

40 m (130 ft)

200 m (660 pies)

☐ Tiburón alfombra teselado

WOBBEGONG: DATOS

ESPECIE: 8 especies, todas dentro de la familia *Orectolobidae*

GRUPO: Tiburones alfombra (orden Orectolobiformes)

DIETA: Peces de fondo, pulpos, langostas y cangrejos

HÁBITAT: En el lecho marino o cerca de él, en las aguas cálidas de mares templados y tropicales, por lo general se esconden parcialmente bajo las rocas o arrecifes de coral

REPRODUCCIÓN: Vivíparos con 20 o más crías en algunas especies; los embriones se nutren de la yema del cigoto; gestación 6-12 meses

ESTADO DE CONSERVACIÓN: Algunas especies están bajo amenaza de extinción

Wobbegong
En el fondo

Los wobbegong, son los maestros del disfraz y la sorpresa en el mundo de los tiburones. Son astutos cazadores de emboscada que viven principalmente en las aguas templadas de los arrecifes de coral. Merodeando el lecho marino o en las grietas de los corales, un tapicero se parece más a una mezcla de manchas y puntos que a un predador al acecho. Su larga y fuerte mandíbula, y sus dientes ralos y afilados son herramientas potentes para la captura de presas, o para mordisquear el pie de alguna persona descuidada que se acerque demasiado. Aunque los tiburones tapiceros se encuentran entre los de aspecto más extraño, son sobrevivientes supremos; los científicos creen que han sido parte de la vida del océano por más de 160 millones de años.

La cola de los habitantes del fondo
La cola corta de un tapicero es típica de los tiburones que se asientan en los fondos arenosos, con dos aletas dorsales cortas ubicadas muy atrás del cuerpo.

ZONA DE PENUMBRA

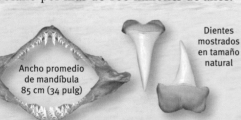

Ancho promedio de mandíbula 85 cm (34 pulg)

Dientes mostrados en tamaño natural

Los wobbegong de cerca
Ya se trate de un tapicero tan pequeño como un niño o tan largo como una mini-van, sus mandíbulas tienen una gran apertura en comparación con el tamaño de su cuerpo. La mordida de un tiburón tapicero jaspeado de 2.9 m (9.5 pies)es de 85 cm (34 pulg), casi un tercio del total de la longitud de su cuerpo. Los tiburones alfombra tienen dientes curvos y filosos como dagas para perforar a su presa.

Niño de 10 años
1.40 m (4.5 pies)

Wobbegong teselado
promedio 1.20 m (4 pies)

Wobbegong jaspeado
promedio 2.09 m (9.5 pies)

Wobbegong manchado
promedio 3.20 m (10.5 pies)

1,000 m (3,300 pies)

Camuflaje *La piel amarillenta del tiburón tapicero teselado está cubierta por oscuras líneas onduladas y manchas. Este complejo patrón ayuda a camuflar los bordes del cuerpo del tiburón, haciéndolo prácticamente invisible para sus presas y predadores.*

Flequillos tentadores

El tapicero teselado es un pequeño poderoso, que apenas mide 1.2 m (4 pies) de largo. Este wobbegon tiene un contorno irregular de aletillas de piel alrededor del hocico y barbilla. Ondeando suavemente en la corriente, los flequillos aparentan ser suculentos bocados para un pequeño pez, atrayéndolo lo suficiente para ser capturado.

Ataque de emboscada *Los predadores de emboscada se mantienen tan quietos como pueden para no asustar a sus cautelosas presas. Los tiburones tapiceros además poseen reflejos relámpago que les ayudan a atrapar a un pez en el instante en el que pase por allí.*

Cuerpo aplanado *El cuerpo y la cabeza de un tiburón tapicero son planos y anchos. Muchas veces el tiburón se mete bajo alguna laja o se esconde en cuevas de coral, listo para abalanzarse sobre los peces que entren a esconderse.*

Grandes espiráculos *A diferencia de los tiburones más activos, el tiburón tapicero no necesita permanecer nadando para obtener el oxígeno que necesita. Sus dos enormes espiráculos permiten que entre suficiente agua hacia sus agallas.*

Hocico ornamentado *Alrededor del hocico del tiburón alfombra hay un contorno de flequillos que atrae a los peces pequeños. Los largos barbos sobre las fosas nasales le ayudan a percibir su alimento.*

UNA VIDA LENTA

Si un tiburón es habitante del fondo, como el tapicero, es probable que sea sumamente pequeño y que ronde el lecho marino lentamente por la noche. El resto del tiempo puede estar metido en una grieta o cueva, o escondido en una cama de algas. Varias especies pueden emplear sus aletas pectorales para arrastrarse sobre el fondo.

El alitán mallero Estos tiburones tienen un elaborado diseño de cadenas sobre su piel (derecha), viven en fondos de hasta 800 m (2,600 pies) y se alimentan de peces, calamares y gusanos marinos.

Tiburón cornudo ó Suño cornudo Con solo 60 cm (2 pies) de largo, el tiburón cornudo (izquierda) vive en aguas someras. Utiliza los dientes planos que tiene en la parte trasera de las mandíbulas para triturar moluscos, como las almejas.

Nivel
del mar

80 m
(260 ft)

ZONA DE
LUZ SOLAR

200 m
(66o ft)

ZONA DE PENUMBRA

1,000 m
(3,300 ft)

Niño de 10 años
1.40 m (4-5 pies)

Tiburón cigarro promedio
45 cm (1.5 pies)

Cuerpo en forma de cigarro El tiburón cigarro tiene forma de cigarro habano, con una cabeza redonda de nariz respingona y un cuerpo largo y delgado. Tiene una pequeña aleta trasera en forma de remo.

Dientes listos para usarse
La boca y los dientes del tiburón cigarro se localizan en la parte más frontal de su regordete hocico, listos para sujetarse a la presa.

Ataques a submarinos
Los domos sonares de los submarinos, hechos de goma, suelen atraer a los tiburones cigarro, al igual que los cables submarinos, pues emiten un campo eléctrico perceptible por los tiburones. En ellos se pueden encontrar marcas de huellas de mordidas circulares.

Tiburón Cigarro

Un bocado furtivo

El tiburón cigarro es un voraz artista del *"pega y corre"*. De menos de 60 cm (2 pies) de largo, los tiburones cigarro en ocasiones se tragan de un bocado pulpos y calamares enteros, pero se especializan en usar sus muy afilados dientes para cortar trozos de carne, redondos como galletas, de peces grandes, delfines, focas y otras presas mayores. No temen enfrentarse a contrincantes enormes como las ballenas, y pueden inclusive pegarle un mordisco a un submarino al pasar. Los tiburones cigarro cazan de noche cerca de la superficie en mares tropicales. Pero en cuanto se acerca el amanecer, si hay predadores más grandes también de cacería, se retiran a aguas profundas, en ocasiones descendiendo hasta los 900 m (3,000 pies) por debajo de las olas.

TIBURÓN CIGARRO: DATOS

TAMBIÉN CONOCIDO COMO: Tollo Cigarro

ESPECIE: *Isistius brasiliensis*

GRUPO: Galludos, tollos y parientes (orden *Squaliformes*)

DIETA: Arranca trozos de peces grandes y mamíferos marinos; también se alimenta de pulpos y calamares enteros.

HÁBITAT: En la profundidad de mares tropicales cálidos y templados.

REPRODUCCIÓN: Vivíparos, con 6 – 12 crías; los embriones se alimentan de la yema del cigoto; se desconoce el tiempo de gestaciónn

ESTADO DE CONSERVACIÓN: Estable

Ven y atrápame

La caída de la noche es la señal para que los tiburones cigarro asciendan a la zona de la superficie a alimentarse. Gracias a unos órganos luminiscentes llamados fotóforos, el vientre de los tiburones cigarro emite un brillo verdoso. Un delfín u otra criatura mayor pueden confundir ese brillo con un pez comestible y nadar hacia el hambriento tiburón cigarro.

Vientre bioluminiscente *Una red de minúsculos fotóforos cubre el vientre del tiburón cigarro y éstos emiten una luz verdosa. Cuando un tiburón cigarro muere, su vientre sigue brillando durante algunas horas.*

Hígado aceitoso *Bajo el vientre brillante del tiburón cigarro hay un hígado enorme que puede constituir una tercera parte de su peso corporal. Rebozando aceite squalene, este hígado le proporciona al tiburón más flotabilidad.*

Collar oscuro *Una banda oscura detrás de la cabeza del tiburón cigarro puede destacar el vientre del tiburón mientras el frente de su cuerpo es más difícil de ver.*

Labios de ventosa *Cuando los flexibles labios de un tiburón cigarro se adhieren a algún delfín u otro animal de presa, la boca del tiburón produce una fuerte succión que le ayuda a sujetarse y sacar un bocado de grasa o de carne.*

Ojos grandes *Los grandes ojos ovalados del tiburón cigarro lo suelen ayudar a ver a sus posibles presas en las aguas poco iluminadas en las que caza.*

Pequeña herida *El cráter que deja la mordida del tiburón cigarro no es lo suficientemente serio para matar a este delfín. De tan sólo 2.5 cm (1 pulgada) de profundidad, la herida seguramente sanará pronto.*

Tan buenos que se comen *El tiburón cigarro muda toda una hilera de dientes, y luego se los traga todos. Los dientes contienen calcio y le ayudan al tiburón a reponer su provisión de este mineral.*

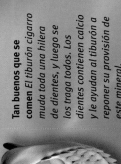

Ancho promedio de mandíbula, mostrada en tamaño natural 2.5 cm (1 pulg)

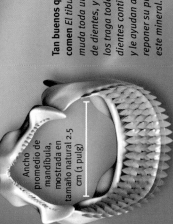

Como cortar galletas

1. El tiburón cigarro usa su boca y dientes superiores para sujetarse a una foca. Luego su cuerpo gira como una perilla.

2. Mientras el tiburón gira, sus dientes inferiores cortan un círculo de carne. Los dientes superiores sostienen el tapón y los inferiores lo sacan.

3. Después de realizar su veloz ataque de "rebanar y sacar", el pequeño tiburón nada hacia el oscuro océano a digerir su alimento. Por cierto, el nombre de este tiburón en inglés es "cortador de galletas."

El árbol genealógico del tiburón

Selacios
Todos los tiburones – 9 órdenes

Pristiophoriformes Tiburones sierra

Hocico largo, parecido a un serrucho con barbos, 9 especies incluyendo al tiburón sierra trompudo, tiburón sierra sudafricano

Tiburón sierra trompudo

Hexanchiformes Cañabota gris, tiburón anguila

Una sola aleta dorsal, 6 o 7 aperturas branquiales 5 especies, incluyendo los tiburones de seis y siete branquias, (tiburón de peinetas y cañabota bocadulce), el tiburón anguila

Tiburón anguila

Cañabota bocadulce

Escualiformes Tiburones perro o cazones

*No tienen serrucho, no son planos, no tienen espinas en la piel
Cerca de 80 especies incluyendo a los durmientes, quelvachos, carpas, tollos cigarro, tollo lucero*

Durmiente de Groenlandia

Quelvacho

Echinorhiniformes Tiburones espinudos

*Cuerpo cubierto de espinas, aletas pélvicas mucho más grandes que las dorsales
2 especies: tiburón espinoso y tiburón negro espinoso*

Tiburón espinoso

Escuatiniformes Tiburones ángel

*Cuerpo plano con la boca al final del hocico
16 especies incluyendo el tiburón ángel del Pacífico, el angelote*

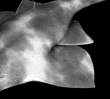

Tiburón ángel del Pacífico

Tiburones en orden

En los océanos actuales habitan al menos 440 especies de tiburones. Todos ellos pertenecen a la súper orden de los Selacios, que se divide en nueve órdenes. La mayoría de los tiburones pertenecen a los tiburones de fondo, orden de los *Carcharhiniformes*, que incluye a los tiburones tigre, tiburones martillo y tiburones toro.

Especies de tiburones por orden

100% = 440+ especies

Carchariniformes (de fondo)	61%
Escualiformes	18%
Orectolobiformes (alfombra)	7%
Lamniformes (mako)	4%
Squatiniformes (angelotes)	4%
Otros	6%

Heterodontiformes Suños

Espinas en la aleta dorsal, frente en declive, puentes sobre los ojos
9 especies incluyendo al tiburón de Port Jackson, suños, cornudos

Tiburón de Port Jackson

Suño cornudo

Orectolobiformes Tiburones alfombra

Boca totalmente al frente, surcos prominentes entre las fosas nasales y la boca
32 especies incluyendo a los tiburones ballena, tapicero manchado (wobbegong), gata, pintarrojas, cebra

Tiburón ballena

Tiburón tapicero jaspeado

Carcharhiniformes Tiburones de fondo

Membrana nictitante, reproducción variable
270+ especies incluyendo tiburones martillo, tigre, toro, leopardo, barbudo, limón, cobrizo, sedoso, oceánico punta blanca, aletas negras de arrecife, gatos

Aletas negras de arrecife

Tiburón tigre

Gran tiburón martillo

Lamniformes Tiburones mako

Sin membrana nictitante, reproducción vivípara (los embriones se alimentan de los huevos sobrantes)
17 especies incluyendo el gran tiburón blanco, los makos, tiburones azotadores o peje zorro, tiburón salmón, marrajos, tiburón duende rosado, tiburón solrayo, tiburón boca grande, tiburón peregrino

Gran tiburón blanco

Tiburón zorro de anteojos

Tiburón alitán mallero

Tiburón peregrino

Glosario

aleta dorsal Aleta al final del cuerpo de un pez. La mayoría de los tiburones tiene dos aletas dorsales.

aletas pectorales Par de aletas ubicadas a los lados del cuerpo, detrás de la cabeza.

aletas pélvicas Par de aletas ubicadas en la parte de debajo del cuerpo, a cada lado de la cloaca.

aleta anal Aleta pequeña ubicada frente a la cola por la parte de debajo un pez.

ampollas de Lorenzini Órganos sensoriales que tiene el tiburón en la cabeza con los que detecta campos eléctricos que le ayudan a localizar presas potenciales.

animales filtradores Animales que se alimentan filtrando presas pequeñas que se encuentran en el agua del mar.

aperturas branquiales Las aperturas externas de las branquias de un tiburón.

arco branquial Estructura esqueletal que da apoyo a las branquias de un tiburón.

batoideo Pez de cuerpo plano con esqueleto de cartílago, como las rayas, mantas, pez guitarra o pez sierra. Las aletas pectorales del batoideo salen de la cabeza, y sus aperturas branquiales están bajo la cabeza.

bioluminiscencia La producción de luz en seres vivos. Esta luz puede ser producida por órganos especiales llamados fotóforos, como en el tiburón cigarro, o por bacterias que vivan en la piel del tiburón como en ciertos tiburones perro.

branquias Órganos que le permiten a un pez respirar mediante la extracción del oxígeno del agua. Las branquias están hechas de estructuras finas, parecidas a plumas, llamadas filamentos.

branquispina En tiburones filtradores, como el tiburón ballena, estructura dura que sale del arco branquial con la que filtra el zooplancton, los peces pequeños y otros sólidos del agua.

camuflaje Colores, patrones o formas corporales que le ayudan a un animal a confundirse con su entorno.

canal semicircular Estructura en el oído que detecta la rotación y la aceleración en el cuerpo.

carroñero Animal que se alimenta de los restos de otras criaturas muertas, que generalmente son lo que dejan sin comer los predadores.

cartílago Tejido fuerte y elástico que forma el esqueleto de tiburones, batoideos y quimeras.

cladodonte Grupo extinto de tiburones cuyos dientes se ramificaban en varias cúspides, cada uno de con una cavidad que contiene pulpa. Los cladodontes eran ancestros primitivos de los tiburones modernos.

clasper (pterigopodios) Extensión de las aletas pélvicas de los tiburones macho con las que colocan el esperma en la hembra durante el apareamiento.

cloaca Cámara en el cuerpo de un animal que se abre al exterior y se conecta internamente tanto al tracto reproductivo como al intestino.

copépodos Pequeño animal parecido al camarón. Los copépodos forman gran parte del zooplancton de los océanos.

cráneo Estructura que aloja el cerebro; en el tiburón es de cartílago.

criadero, área de cría Área protegida, frecuentemente cercana a la costa, en donde los tiburones jóvenes pasan sus primeros años de vida.

crustáceo Animal como el camarón, el cangrejo, la langosta y los percebes que tienen esqueleto externo, antenas y patas articuladas.

dentículos dérmicos Escamas microscópicas que parecen dientes pequeñísimos. La piel de los tiburones está cubierta de dentículos dérmicos.

depredador Animal que caza otros animales para alimentarse.

dientes de serrucho Dientes que tienen la orilla con picos, como un serrucho, y que sirven para cortar y atravesar carnes gruesa.

disco La parte principal, plana y redonda, del cuerpo de una raya o manta raya.

embrión Animal que no ha nacido, en sus primeras etapas de desarrollo, cuando se están formando sus órganos y demás partes del cuerpo.

empuje Fuerza hacia arriba que las aletas pectorales y la cola le proporcionan a un tiburón en nado.

especies Un tipo de organismo, como puede ser el gran tiburón blanco, un tiburón alfombra o un ser humano. Los miembros de la misma especie tienen la misma forma general y las mismas funciones del cuerpo, y raras veces o nunca, producen descendencia con otras especies.

espiráculo Apertura detrás de los ojos de las rayas y otros tiburones poco activos. Dependiendo de la especie, los espiráculos bombean agua a las branquias o la llevan a vasos sanguíneos especiales que recogen oxígeno mientras el animal descansa.

estuario Bahía costera en la que se mezclan el agua dulce de un río con el agua salada del mar.

evolución El cambio en animales y plantas en diferentes especies a lo largo de millones de años.

extinción La desaparición de una especie. Una extinción masiva es cuando grandes comunidades de animales y plantas mueren al mismo tiempo.

feto Animal que no ha nacido, en etapa avanzada de desarrollo. El feto tiene todos los órganos y partes del cuerpo de su especie.

fitoplancton Especie de plantas diminutas que flotan en la superficie del mar o justo debajo de ella. El fitoplancton usa la luz del sol para producir su propio alimento mediante la fotosíntesis y es el fundamento de las cadenas alimenticias marinas.

flotabilidad La capacidad de permanecer flotando. El aceite en el hígado del tiburón le proporciona flotabilidad a su cuerpo.

flujo contracorriente Movimiento de dos fluidos en direcciones opuestas. En las branquias, la sangre fluye a través de los vasos en dirección opuesta al agua de mar que pasa por los filamentos branquiales. El flujo contracorriente incrementa la cantidad de oxígeno que las branquias del tiburón extraen del agua.

fósil Los restos endurecidos de un animal o planta que murió hace muchos miles de años.

fotóforo Órgano pequeño que emite luz. En los tiburones, los fotóforos están en la piel.

gestación Periodo que pasa un embrión en el útero de su madre hasta que está listo para nacer.

hidrodinámico Diseñado para moverse eficientemente a través del agua.

invertebrado Animal que no tiene columna vertebral. Los invertebrados marinos incluyen a gusanos, camarones, almejas y pulpos.

krill Animales minúsculos que se parecen al camarón y se encuentran en el océano en grandes cantidades. El krill es una fuente de alimento clave para el tiburón ballena y otros grandes peces filtradores.

ligamento Tira de tejido conjuntivo que une una parte del esqueleto a otra.

lóbulo cefálico Las formaciones que tiene el tiburón martillo en la cabeza, que se extienden de lado a lado.

manglar Árbol o arbusto que crece en pantanos y estuarios con la mayoría de sus raíces bajo el agua.

mares polares Áreas del mundo oceánico alrededor de los polos Norte y Sur, en donde la temperatura del agua es de congelación o cerca de ella.

mares templados Áreas del mundo oceánico que están entre las regiones tropical y polar, en donde la temperatura promedio de la superficie del agua es de 10°C (50°F) aproximadamente.

mares tropicales Áreas del mundo oceánico que están a ambos lados del Ecuador, en donde la temperatura promedio de la superficie del agua es de 20°C (69°F) aproximadamente.

membrana nictitante Membrana delgada que se puede bajar sobre un ojo abierto, protegiéndolo de daños o desperdicios.

migración Traslados de un animal de un lugar a otro y de regreso, con frecuencia durante los cambios de estación. La mayoría de las migraciones están relacionadas a la reproducción o a encontrar alimentos.

molusco Invertebrado acuático como la almeja o el calamar. La mayoría de los moluscos tienen una concha exterior dura.

mordida La apertura de las mandíbulas de un tiburón.

órgano electrosensorial Órgano que detecta la presencia de campos eléctricos.

pesca incidental Peces u otros animales que son atrapados en una operación de pesca para la que no estaban destinados.

pez huesudo Pez que tiene el esqueleto hecho de hueso (en vez de cartílago).

placenta Tejido especial que conecta a un embrión en crecimiento con el flujo sanguíneo de su madre durante el embarazo.

plancton Comunidad de organismos que flotan por el mar, más que nadar activamente. Los animales planctónicos como los copépodos y las medusas son llamados zooplancton. El plancton tipo planta es llamado fitoplancton.

plataforma continental La parte de un continente que está sumergida en el agua y tiene una pendiente suave que produce aguas superficiales.

predador de emboscada Carnívoro que ataca desde un lugar oculto, usando la astucia para capturar a su presa.

presa Animal que el predador atrapa para comérselo.

quimera Cualquiera de los parientes cercanos de los tiburones conocidos como pez rata, pez duende, and pez elefante.

rémora Pez pequeño que usa un disco especial de succión que tiene bajo la cabeza para pegarse a otro pez más grande. Al ser arrastrada, la rémora atrapa pequeños pedazos de alimento que su anfitrión no se come.

resistencia Fricción o turbulencia que frena a un objeto en movimiento, por ejemplo, a un tiburón al nadar.

rete mirabile Densa red de pequeños vasos sanguíneos. El nombre significa "red admirable" en latín.

squalene Aceite que hay en el hígado de un tiburón de las profundidades que incrementa la flotabilidad del mismo.

súper depredador Gran predador que puede cazar a muchos otros animales pero que tiene pocos o ningún enemigo natural él mismo.

talud continental La parte pronunciada de la pendiente que empieza en el extremo lejano de la plataforma continental.

tapetum lucidum Capa de células que están en la parte interior o lateral de adentro del ojo y que refleja la luz en la retina y la hace sensible a luces tenues.

tiburón alfombra Especies de tiburón que pertenecen al orden de los Orectolobiformes. Los tiburones alfombra tienden a ser pequeños, con cuerpos relativamente planos, pero también incluyen a algunos de los peces más grandes, como el tiburón ballena. La mayoría viven en las zonas tropicales del Océano Pacífico.

tiburón de fondo Tiburón que pertenece a la orden de los Carcharhiniformes, que incluye a los tiburones toro, tigre y martillo.

tiburón mako Tiburón que pertenece al orden de los Lamniformes. Entre los ejemplos que incluyen éste orden están los tiburones salmón, las macarelas y los grandes jaquetones blancos.

tiburón perro Tiburón perteneciente a la orden de los Escualiformes, que incluye a durmientes, quelvachos y tollos. Los tiburones perro, también conocidos como cazones, no tienen aletas anales y con frecuencia tienen espinas en las aletas dorsales.

tiburón réquiem Tiburón que pertenece a la familia de los Carcharhinides, grupo de tiburones de fondo que incluye a los tiburones tigre y toro.

útero Órgano parecido a una bolsa en donde se desarrollan las crías. Los tiburones hembra tienen dos úteros.

válvula espiral Sección del intestino delgado de un tiburón que contiene pliegues en forma de escalera de caracol. La válvula espiral incrementa la superficie que puede absorber nutrientes del alimento.

vertebrado Animal que tiene columna vertebral.

vertebras Segmentos duros que forman la columna dorsal de los vertebrados.

vivíparo Especie en el que las crías nacen después de haberse desarrollado dentro de su madre.

zooplancton Animales acuáticos que flotan con las corrientes. La mayoría del zooplancton es extremadamente pequeño.

Índice

Créditos

El editor agradece a Alexandra Cooper por su contribución y a Puddingburn por el índice.

Clave t=arriba; l=izquierda; r=derecha; tl=arriba izq; tcl=arriba centro izq; tc=arriba centro; tcr=arriba centro derecha; tr=arriba derecha; cl=centro izquierda; c=centro; cr=centro derecho; b=abajo; bl=abajo izquierda; bcl=abajo centro izquierdo; bc=abajo centro; bcr=abajo centro derecho; br=abajo derecho

ILUSTRACIONES
Portada The Art Agency (Mick Posen main, cr; Barry Croucher tr, br)
Contra portada The Art Agency (Barry Croucher tr; Thomas Bayley l, b)
Lomo The Art Agency (Mick Posen)
The Art Agency (Thomas Bayley) 12t, 14-15bl, cl, c, br, tr, 16-17l, 34-5l, b, 46l, 50-1l, r, 52-3l, r, 54-5t, l, br, 56-7l, br, 58-9br; (**Robin Carter**) 20-1b; (**Barry Croucher**) 8l, 18-19, 20-1, 22-3, 26-7, 30, 32-3, 48-9, 50-1, 54-5, 56-7; (**Rob Davis**) 8b, r, 22l, 24l, 36-7t, b, 40l; (**Gary Hanna**) 22tl, br, 34-5, 36, 40-1, 50-1; (**Terry Pastor**) 10-11, 12-13, 18-19, 28-9, 39tr; (**Mick Posen**) 14-15,

16-17, 18l, 22r, 24-5, 29br, 38-9, 42-3, 46-7, 52-3, 58-9; (**Jurgen Ziewe**) 11b & size boy; **Christer Eriksson** 8-9
MAPAS
Andrew Davies; Ilustraciones de mapas

FOTOGRAFÍAS
AAP = Australian Associated Press; CBT = Corbis; GI = Getty Images; PL = photolibrary.com; SP=Seapics.com
10tcr GI **20**cl CBT cl PL **24**tr SP **28**cl SP **30**cl, cr SP **31**bl PL br, c SP tr CBT **38**l AAP **41**br PL **42**bcl PL tr CBT

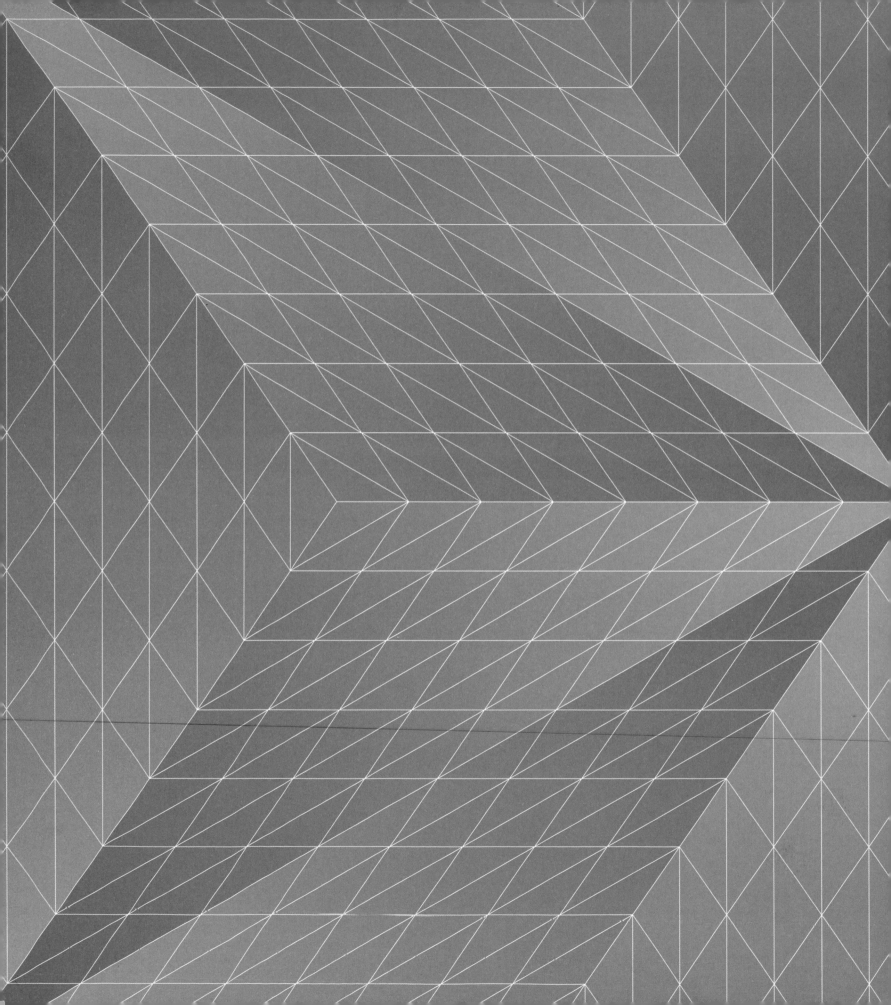